中职英语
混合式教学模式研究

王 慧 著

吉林出版集团股份有限公司
全国百佳图书出版单位

图书在版编目（CIP）数据

中职英语混合式教学模式研究 / 王慧著. — 长春：
吉林出版集团股份有限公司，2022.9
ISBN 978－7－5731－2306－0

Ⅰ．①中… Ⅱ．①王… Ⅲ．①英语课－教学模式－教
学研究－中等专业学校 Ⅳ．①G633.412

中国版本图书馆 CIP 数据核字（2022）第 173513 号

ZHONGZHI YINGYU HUNHESHI JIAOXUE MOSHI YANJIU

中 职 英 语 混 合 式 教 学 模 式 研 究

著　　者　王　慧
责任编辑　杨亚仙
装帧设计　王洪义

出　　版　吉林出版集团股份有限公司
发　　行　吉林出版集团社科图书有限公司
地　　址　吉林省长春市南关区福祉大路 5788 号　邮编：130118
印　　刷　唐山富达印务有限公司
电　　话　0431－81629711（总编办）
抖 音 号　吉林出版集团社科图书有限公司 37009026326

开　　本　710 mm×1000 mm　1 / 16
印　　张　10.5
字　　数　140 千
版　　次　2023 年 1 月第 1 版
印　　次　2023 年 1 月第 1 次印刷

书　　号　ISBN 978－7－5731－2306－0
定　　价　55.00 元

如有印装质量问题，请与市场营销中心联系调换。 0431－81629729

目录 Contents

第一章　混合式教学的简介

第一节　混合式教学的概念

由于网络技术的发展,混合式教学最开始被应用于欧美国家的企业培训。之后,由于它的教学优势极其显著,国际教育技术界很快将其引入到教育领域。21 世纪开始,混合式教学理论及其实践应用研究也越来越引起我国教育界重视,这对我国教育的发展产生了深远的影响。

一、混合式教学概述

目前普遍的观点是,混合式教学不是简单地将网络信息技术混合在教学过程中,而是为学生创造一种真正高度个性化的、鼓励学生参与的学习过程。在这个过程中,教师需要分析学情,优选教学资源,根据线上线下的学习特点进行教学资源的分配,最终确定不同的教学资源适合线上还是线下的学习方式,从而充分调动学生的学习主动性,最大化地发挥混合式教学的作用,提高教学效果。

二、混合式教学的理论内涵

国内外专家对混合式教学的看法不一,多数人认为它既是一种理论,也可以说是一种方法。比如,珍妮弗·霍夫曼(2001)在《混合式学习案例研究》中把混合式学习看成"一种教学设计思想,指导教学工作人员根据不同情况,将学习过程进行模块设计,再用合适的媒体呈现教学内容,以获得最佳教学效果"。辛格和里德(2001)提出了 5R[应用"合适(Right)"的学习技术,配合"好的(Right)"个人学习风格,在"适当(Right)"的时间转换成"正确的(Right)"技能给"适合的(Right)"人,从而完成最佳的学习目标]混合式学习概念,他们认为"混合式学习就是在适当的时间用合适的学习技术配合合适的个人学习特征,将正确的技能教授给适合的人"。麦克·奥雷(2007)则强调物化技术的作用,认为"学习者、教学设计者以及教育管理者都要充分利用和分配各种教学资源来实现教和学的最终目标"。在国内,众多学者也对混合学习的内涵作了不同角度的分析:李克东教授认为混合式学习是低成本高收益的线上线下教学方式的有机整合;黄荣怀教授(2006)则提出"混合式学习就是传统的课堂教学与基于网络在线的数字化学习的融合"。

综合国内外研究成果,本书所探讨的混合式学习内涵指的是将传统课堂教学和利用信息技术进行在线学习相结合,进行高效学习活动的一种学习理论,通过将信息技术手段深度整合于各学科教学过程,在教学中创建新型教学环境,"既发挥教师教学的主导作用,又坚持学生的学习主体地位"[巴纳姆和帕曼(2002)],从根本上实现传统课堂教学结构变革。本书所涉及的辅助教学的信息技术手段,包括了教学 App、学习平台、各移动通信方式及电讯教学设备等。

三、混合式教学的主要内容

混合式教学是一种高效、便捷、互动的课堂教学形式,是线上教学资源与实体课堂优势内容的结合,是当前国际教育技术发展的新动向。教师借助互动性强的网络学习平台,提供在线学习视频供学生自主学习,学生可随时进行简单操作,高效地与同学、教师、家长等不同用户同步分享语音、视频或数据文件;课堂上通过面对面的互动讨论,教师为学生答疑解惑;而数据的传输、处理等复杂技术由云平台服务商来帮助完成操作。这是一种全新的教学方式,想要全面实施推广,还需要进行大量的应用和评测。特别是教师如何综合应用不同教学方式以达到最好的教学效果,是混合式教学研究的核心问题。

混合式教学的主要内容包括:

第一,学习理论的混合。在应用混合式教学时,教师设计学习策略,需要多种学习理论的指导,以应对不同的学习者,实现不同的学习目标,满足学习环境和学习资源的要求。

第二,学习资源的混合。教师需要将线上和线下的教学资源,比如微课、讲师面授、试题检测、经验分享、相关资料等,全部整合到一个平台上,建立"一站式"的学习模式。

第三,学习环境的混合。它使学习者能够在这门课程的学习中,突破环境的局限,随时随地参与多个正式、非正式的学习活动。

第四,学习方式的混合。教师充分利用线上和线下平台的力量,将网络学习与课堂面授有机结合。

第二节　混合式教学的发展历史和现状

一、国外的发展历史和现状

在国外,混合式学习从 21 世纪初到现在已经走过了从提出、研究到推广应用的阶段,欧美国家尤其是英、美两国,教育技术发展的领先地位在混合式学习研究中表现突出,它们的研究范围包含了混合式学习内容要素、课程设计、环境构建、应用探索等方面。

美国在混合式学习环境构建研究中进行开放性教学课堂的试验,各个高校建立了众多网络课堂,不断丰富和完善多样化的开放网络课程资源,鼓励各类学习者加入并参与学习。同时,它们也致力于多样化的信息传播媒体的研究,打造先进的教学工具、教学软件进行课堂学习、教学交互[黛布拉·马什(2012)]。在混合式学习模式研究中,研究者针对不同阶段的学生提出了适应不同学习阶段的学习类型,如"流动教学模式"、"自我调节学习模式"、"增强虚拟学习模式"以及"循环教学模式"[卡罗琳·格雷(2002)]等。

伴随着混合式学习的应用和发展,许多大学制定相关教学政策,引导教师设计最佳混合式教学实践,鼓励教师开展更有效的个性化教学。如,2016 年,美国佛蒙特大学医学院就开展了历时 6 年的翻转课堂实践,传统面授教学被视频讲座代替,目的就是培养学生的自主学习和主动实验理念和能力。

这一趋势不断演变,高等教育领域混合式学习发展及应用越来越流行,研究者们将推动、扩展混合式学习方法纳入教育发展的长期规划。各大高校对有关学习模式策略、学习壁垒数字化评估以及"学生中心"地区混合式教学提出了很多宝贵的实施建议。所有这些研究给我们提供了重要参考价值。

二、国内的发展历史和现状

国内学术界对于混合式学习的研究,入手较晚。目前国内对混合式学习的研究主要聚焦于混合式学习的概念、课程模式设计以及应用实践、影响因素等方面。

关于混合式教学概念,前文已有论述。最早提出"混合式学习"概念的是何克抗教授,他认为"混合式学习的核心理念就是要把网络能够随时随地学习的优势与课堂中可以面对面交流的优势相结合,教师发挥出监督教学活动的进行、开展启发式教学、引导学生学习等作用,学生作为自我学习的主人,要能够选择适合的资源开展自主学习,培养实践能力和创新性思维能力"(2004)。

而黎加厚教授(2004)则指出"混合式学习是融合性的学习,即对所有教学要素进行优化组合,从而实现教学目的"。混合式学习模式研究成果丰硕,不同的教师在应用混合式学习时总结出了各种各样的应用模式,构建了一个多元化的混合式学习模式体系。比较有影响力的有黄荣怀教授(2006)的三阶段模式:"混合式学习课程的设计可分为前端分析、活动与资源设计和教学评价设计三个阶段,包含课程导入、活动组织、学习支持和教学评价这四个关键教学环节。"

祝智庭教授(2003)则从"学习模式、学习内容、教学媒体"三个因素将混合式学习分类,这种分类方法被广泛应用于混合式学习实践中,对我国远程教育的发展起到了重要的推动作用。李克东教授(2004)等人也对混合式学习的理论基础、过程设计、基本原理以及应用模式等问题进行了探讨。在职业教育中,混合式学习应用的重要性也日益凸显。赵玉(2014)进行了基于混合式学习的"中职课程设计与开发"课程研究,陈恒冰(2014)在"数字电路制作与调试"课程中开展了混合式学习模式运用实践研究,提出"要想最大程度地发挥混合式学习模式的优势,需要大力建设更多适用的混合式学习平台,提供更多的专业多功能实训室"。

另外,还有林月娟、吴坤埔、邹娜等众多研究者纷纷开展了混合式学习高职课程应用实践研究,对中职英语混合式教学也有极大的借鉴意义。目前已有越来越多的研究者针对现有的开源平台(魔灯、黑板、酒井等)或社交软件(QQ、微信等)进行适应改造,使其能够满足学习者混合式学习的需求。

第三节　混合式教学的背景和现实意义

一、混合式教学的背景

在当今"互联网＋"时代,随着科学技术的进步,以互联网全球化普及为重要标志的信息技术革命给人们的生活带来了惊人的改变[约翰·西利·布朗和保罗·杜吉德(2000)]。教育信息化发展促使教育的各个元素及其相关联环境都出现极大程度的转变。2012 年 3 月,教育部制定并发布《教育信息化十年发展规划(2011—2020 年)》,提出要利用信息技术的发展推动教育的现代化建设。2012 年以来,我国的慕课热潮开始兴起,各类在线教育机构蓬勃发展,混合式教学理念开始盛行。"信息技术与学科教学的整合、信息技术与教育深度融合成为混合式学习研究焦点"。

在国家对职业教育越来越重视的形势下,中职职业教育现状却不尽如人意。《中等职业学校英语教学大纲(2009)》提出了新形势下对中等职业学校英语教学的明确目标,体现了素质教育和能力为本的精神。然而传统阅读教学仍然是教师"一言堂"的教学方式,教师投入了巨大的精力,但成效甚低。2010 年 6 月,教育部在《关于实施国家中等职业教育改革发展示范学校建设计划的意见》中明确提出要改革教学模式、创新教学内容,并日益增加了政府在中职教育中的财政投入,中职学校信息化发展逐步成型。对于如何把信息技术与中职学校的教学进行深度融合,如何促使资源利用最大化,如何提高教学的整体质量,混合式学习探索已经取得了一定成果。

二、混合式教学的意义

本书主要是结合中等职业学校英语教学实际,分析如何利用各种信息技术手段,改变传统的不利于学生发展和提高的教学结构,开展线上线下混合式教学实践;探索这一教学模式对英语教学可能产生的积极效果,以便将这一模式在教学实际中推广运用,促进中职英语的教学。

在信息化教学改革中,实现深层次的信息技术手段和学科教学融合一直是一线教育工作者的教学目标,混合式学习将单一的网络教学和传统课堂面授学习相结合,利用移动技术优势突破时空的限制,实现了资源共享,促进学生自主学习、个性学习的开展,也有利于教学交互。从实践层面来看,由于校园网络建设的发展和普及,中职学校课程混合式学习运用研究处于不断探索之中。本书对于提高中职学校教学质量、转变教学观念具有现实的实践意义。

三、混合式教学能够促进中职学生英语学科核心素养的培养

近年来,在我国巨大的社会转型和经济转型背景下,中职英语教学转型也迫在眉睫,教师在教学中除了帮助学生进一步学习英语基础知识,提高听、说、读、写等英语技能外,还要发展学生的学科核心素养,既能够满足学生个人发展的需求,也能够满足国内外社会发展、经济发展对人才的需求。近几年,核心素养视角下的英语教学已成为国内外外语教育工作者研究的一个热点问题。"核心素养"这个概念是德国学者梅滕斯于1972年首次提出的。他认为核心素养超越了职业、时间、地域的限制,指的是一种人的发展过程中具有核心作用的能力。我国教育部于2014年颁发了《关于全面深化课程改革落实立德树人根本任务的意

见》，标志着我国关于核心素养的研究正式启动。2017年教育部发布了《普通高中英语课程标准》，明确了英语学科核心素养主要包括语言能力、文化意识、思维品格和学习能力四个方面。以此为基础，2020年3月9日教育部发布了《中等职业学校英语课程标准》。随着《中等职业学校英语课程标准》的颁布，中职英语教学改革迎来新的挑战，如何在中职英语教学中渗透四个维度的核心素养培养，引起了广大英语教师的关注和思考。《中等职业学校英语课程标准》提出了"职场语言沟通、思维差异感知、跨文化理解和自主学习"四个维度的学科核心素养，这是中职英语学科育人价值的集中体现，也是新时期经济社会发展对人才培养提出的新要求。它指明了中职英语学科应培养什么样的人，学生通过学科学习与实践要逐步形成正确的价值观念，培养必备的品格和关键能力。核心素养对当前中职英语教学的影响如下：

第一，进一步体现中职英语学科的职业特征。

不同学习阶段的教学目标是大相径庭的，例如，高中英语是以高考为主要方向的，但是中职英语则是侧重于它的实用性，具有更明显的职业特征。此外，在中职英语教学中，包含情景交际、词汇语法和应用文写作等教学内容，同样具有明显的学术特点。因此，提高学生的职场语言沟通能力和实践能力是中职英语学科核心素养培养的重要方向。学生核心素养培养的发展，更有利于发挥中职英语学科的职业特点，更符合中职学生的发展需求。

第二，进一步构建中职学生英语学科的知识体系。

在中职英语教学中，教师需要熟读教材，深入挖掘教材中的每个单元板块的关联性，既能帮助学生学习和理解英语基础知识，又能强化学生职场英语的运用能力，进而提升学生的综合能力。因此，教师在中职英语教学中通过对核心素养教育的渗透，能引导学生发现新知识和旧知识间的关联，融合职业特征，帮助学生归纳和总结英语学科知识体系，提升职业能力素养。

第三,进一步提升中职学生的文化素养和职业素养。

在日常教学中,通过培养中职学生的核心素养,不但能够帮助中职学生掌握英语的基础知识,而且能够帮助中职学生了解英语的文化底蕴和理解中西方思维方式的差异;此外,还能够激发中职学生的英语学习兴趣,以开放包容的心态理解多元文化。从中职英语的实际教学内容来看,基础模块包含社会交往和历史与文化主题等,职业模块包含商业利益和职业规划等主题。通过开展这些主题的教学,能够更好地加强中职学生对英语的理解,不仅提升中职学生的文化素养,也可提升中职学生的职业素养。

然而,传统教学模式是以课堂教学为主要阵地,能分享的资源较为有限,学生的能力得不到较好的展示和发展,不利于培养新时代中职学生的核心素养。但是,混合式教学模式可以为学生们提供全面的学习环境,学生们能够使用最适合自己的学习方式去学习,提升自主学习能力,不需要被局限在实体教室里,只按照同一进度学习即可。吸收新知识的速度因人而异,基础较为薄弱的学生可以课前在线上学习平台习得部分教学内容,为线下的课堂学习打好基础,课后在学习平台上获取复习资料,直至学懂为止。

此外,传统的教学模式主要关注的是结果评价或者是阶段性评价,很难及时了解学生真实的学习情况和掌握情况,评价方式单一,不利于学生的全面发展,更不利于学生的核心素养的培养,而混合式教学能够通过收集线上教学平台和线下课堂的学生学习情况,汇总得出学生的任务完成情况,同时加入自评和他评的评价体系,对学生进行详尽的过程评价,不但有利于学生及时了解自己的学习情况,扬长补短,而且有利于教师全面地了解学生,对学生未来的学习做出方向性、路径性和策略性的引领。混合式教学模式将评价贯穿于学生学习的全过程,把评价作为学生学习的内动力和教师教学的驱动力,进一步提升中职英语教学的效率。

四、混合式教学是中职教学现状的现实要求

根据对中职英语教学实践现状的调查,发现教师的"教"和学生的"学"都存在一定的现实问题,要努力协调好"教"与"学"的关系,让中职英语教学实践可以发挥作用,在根本上为教学创新奠定基础。

1. 学生"学"的现状

学生在现代教育环境中成为课堂的主体,中职英语的教学实践中多是以学生为主,强调学生的体验感和参与度,但围绕学生进行的深度课堂的开发情况并不理想,从而学生在"学"的方面也出现一定的现实问题:缺乏对英语内容的深度理解,大部分学生虽然能掌握英语的语法、词汇等,但多是为应付考核需要,以"死记硬背"的方式完成对内容的记忆,但从反馈回来的效果出发,存在一定的现实问题,表现为:一方面,英语语用能力效果不理想,他们无法理解英语本身更深刻的含义;另一方面,学生对学习的感兴趣程度不高,大部分学生对于英语内容的学习缺乏参与兴趣,从而造成学习体验大打折扣,所展现出的学习效果并不理想。

首先,中职学生英语学习难度较大,他们面对困难选择逃避。大部分中职学生英语基础比较薄弱,词汇量贫乏,课堂上他们常常听不懂教师讲的内容,无法跟上教师的进度,同时不主动寻求帮助,积累的问题越来越多。长此以往,学生会丧失学习英语的热情,一味地选择逃避问题。

其次,中职学生英语学习方法较单一,课堂学习不够高效。好奇或一时的热情是大部分中职学生学习英语的主要原因,他们受到一些不稳定的因素影响,如情绪、状态和个人好恶等,学习的热情难以维持,学习状态比较被动,加之缺少明确的学习目标,造成即使教师在课堂上使尽浑身解数,学生学习的效果也依然不理想的现象。

2. 教师"教"的现状

在现代教育环境中教师的主体地位发生了变化,他们从课堂的主导者转变为课堂的引导者,"教"的过程不再是讲解与模仿示范,而是开始

倾向于教学实践过程。根据中职英语的教学现状调查,得出结果如下:

其一,教师选择的教学内容以教材为主。根据中职英语教学的基本任务要求,大多数教师选择按部就班,循序渐进,根据教学任务开展教学实践,围绕教学内容做好教学革新与优化。但从反馈的效果来看,按照教学内容开展教学实践,缺乏对内容的深度挖掘,从而使学生的学习体验受到影响,英语语言本身的实践性也会受到一定程度的影响。

其二,教学方法单一。中职英语教学内容相对复杂,涉及的教学要点较多,教学方法的灵活选择不容小觑。但结合英语教学的实际情况看,教学方法还是以枯燥的讲解为主,"灌输式"的课堂教学模式依旧占据主流位置,在这种情况下,迫切需要新方法来提供支撑,规避因为教学深度不足而造成的吸引力有限的情况。

其三,对深度课堂重视度不足,这表现在教学资源的挖掘、教学内容的创新开发、教学方法的革新等多方面。缺乏创新思想的支撑,导致深度学习很难推广开来,学生的体验效果会受到直接影响。

如果中职英语教师教学方式单一,英语教学效果就会差。中职英语的教学应该以激发学生的学习动力为主,旨在发展中职学生语言沟通技能,同时融合实践性、交际性的职业特征。而传统的中职英语教学方式过于单一,学生的学习兴趣很难得到激发,学习往往处于被动的状态,最终导致课堂教学的效果不太理想。

通过线上教学平台,教师可以系统地将学生的学习情况记录下来,加以综合分析,充分掌握学生们的学习状况和学习中的疑难点,然后在线下课堂的宝贵时间内有针对性地加以辅导,也可以根据学习数据重新制订更贴合学生需求的课程。从而,教师在面授课堂里便能够专注于更高层次的课程内容,提升课堂学习的高度。并且,这些数据也能帮助学生更加了解自己的学习情况,从而找出更适合自己的学习方向。

混合式教学以其独特的优势越来越受到教育工作者的青睐,它丰富了教学资源,凸显灵活多样的教学风格,显著提升教学效果,能助力提高学生学科核心素养,引领教改潮流。

第⨀章　混合式学习的理论基础

中职英语混合式教学实践的开展需要建立在一定的理论基础上,否则就会变成无源之水、无本之木。只有以科学、合理的理论作为指导,中职英语混合式教学实践才能够顺利开展,才能真正地有理可循。具体来说,中职英语混合式教学需要以建构主义学习理论、多元智能理论、人本主义学习理论、认知理论等作为指导,本章就对这些理论基础进行分析。

第一节　建构主义学习理论

一、建构主义学习理论的概念

建构主义作为一种学习理论,来源于儿童的认知发展理论,其最早提出者是瑞士的皮亚杰。他认为个体的认知发展与学习过程密切相关。因此,利用建构主义可以较好地说明人类学习过程的认知规律,即能较好地说明学习如何发生、意义如何建构、概念如何形成以及理想的学习环境应包含哪些要素等。下面,我们从学习的含义与学习的方法两方面来理解建构主义学习理论的基本内容。

建构主义学习理论认为,学习是在一定的情境即社会文化背景下利用必要的学习资料,并借助他人的帮助即通过人际的协作活动,通过意义建构的方式而开展的,它认为情境、协作、会话和意义建构是学习环境的四大要素。学习环境中的情境必须有利于学生的意义建构,这就要求教学设计要考虑有利于学生建构意义的情境的创设问题。协作贯穿于整个学习过程,它对搜集和分析学习资料、提出和验证学习假设、评价学习结果乃至最终的意义建构都有重要作用。会话是协作活动中必不可少的一个环节,学习小组成员之间通过会话进行交流,是达到意义建构的重要手段之一。意义建构是最终目标,就是对当前学习内容所反映的事物的性质、规律以及该事物与其他事物之间的内在联系达到较深刻的理解,这种理解在大脑中的长期存储形式就是对当前所学内容的认知结构,即图式。学习的质量取决于学习者根据自身经验去建构有关知识的意义的能力,而不取决于学习者记忆和背诵教师讲授内容的能力。

二、建构主义学习理论的学习方法

建构主义学习理论既强调学习者的主体地位,又重视教师的指导作用。它认为教师并非知识的传播者、灌输者,而是意义建构的帮助者、促进者;学生也并不是被动的接受者和被灌输的对象,而是信息加工的主体、意义的主动建构者。在学习过程中,学生运用多种学习方法,如探索法、发现法等去建构知识的意义,主动搜集和分析资料,善于提出问题假设并加以验证。在协作交流的基础上,学生把当前学习内容所反映的事物尽量和自己已经知道的事物相联系,并对这种联系进行认真思考。联系和思考是意义建构的关键。教师是学生意义建构的帮助者和促进者:在教学过程中,教师激发学生的学习兴趣;创设符合学习内容要求的情境和提示新旧知识之间联系的线索;组织协作学习,并对协作学习过程加以引导,使之朝着有利于学生意义建构的方向发展。

三、混合式学习帮助教育界重新认识建构主义学习理论

教育界对建构主义学习理论一直有着不同的看法,其中有两点值得反思:

第一,是坚持以学习者为中心,还是强调主导—主体相结合?传统的建构主义学习理论片面强调以学生为中心,而忽视教师的主导作用。但教学各个环节的设计和实施,都离不开教师的主导作用。所以,教师主导作用的发挥和学生主体地位的体现二者并不矛盾。它们完全可以在建构主义学习环境下和新型教育思想的指引下统一起来。在混合式学习中,教师的主导作用不仅是指对内容的讲解,对学生的启发、引导,还表现在各种学习环境的创设、多种学习资源的提供、多样化学习方式和学习风格的选择、学习评价的组织和实施等方面。在这种情况下,教

师的主导作用发挥得越充分,学生的主体地位也会体现得越充分,最终形成一种学习的共同体结构。

第二,学习者所建构的知识是主观的,还是主客观的统一?混合式学习给我们的启示是,既要重视学习者的经验和原有认知结构,又要重视客观事物对学习者所产生的刺激。

混合式学习丰富了以建构主义为主的多元化教育理论观。进行教育改革需要以先进的教育理论为指导,而各种教育理论都有其适用的领域和范围,目前还没能找到一种普遍适用的理论,所以指导教育改革的理论不应当只有一种,而是有多种,即指导教育改革的理论应是多元化教育理论的混合。当然,在一定的历史时期内,一个国家或一个地区存在的教育问题是不一样的,即不同时期的教育改革必定针对不同的目标,而为了更有效地达到这个目标,往往要采用与该目标直接相关的理论。针对我国的现状,今后一段时间内提倡建构主义学习理论还是有必要的,但是必须注意,我们倡导的不是那种建立在主观主义认识论和片面地以学生为中心基础上的极端建构主义,而是建立在主导和主体相结合、主客观相统一的教育思想上的新型建构主义。

第二节　多元智能理论

一、多元智能理论概述

多元智能理论是 20 世纪 80 年代中期发展起来的国际教育新理念,是由美国当代著名心理学家和教育家加德纳在其《智能的结构》一书中首先提出,并在随后不断发展和完善的人类智能结构理论。多元智能理论是一种全新的人类智能结构理论,认为人类思维和认识的方式是多元的。所谓多元是一个开放的概念,构成多元智能的"元素"数量可能随着人类认识的深入而不断增加。目前比较成熟的多元智能是指:言语语言智能(人对语言的掌握和灵活应用能力)、数理逻辑智能(人对逻辑结果关系的理解、推理、思维表达能力)、空间视觉智能(人对色彩、形状、空间位置的正确感受和表达能力)、音乐韵律智能(个人感受、辨别、记忆、表达音乐的能力)、身体运动智能(人的身体的协调、平衡能力和运动的力量、速度、灵活性等)、人际沟通智能(人对他人的表情、说话、手势动作的敏感程度以及对此做出有效反应的能力)、自我认识智能(个体认识、洞察和反省自身的能力)和自然观察智能(观察自然的各种形态,对物体进行辨识和分类,能够洞察自然或人造系统的能力)。多元智能理论对智力的定义和认识与传统的智力观是不同的。加德纳(1983)认为,智力是在某种社会和文化环境的价值标准下,个体用以解决自己遇到的真正难题或生产及创造出某种产品所需要的能力。智力不是某种单一能力而是一组能力,智力不是以整合的方式存在而是以相互独立的方式存在的。

二、多元智能理论与混合式教学

多元智能理论为现代教育技术的发展提供了一种崭新的教育教学理念,现代教育技术则为这种崭新的教育教学理念提供了实施的媒介。混合式教学是利用多媒体、网络等现代教育技术,充分融合传统课堂教学与网络化教学优势的全新教学模式。在混合式教学环境中,学习者的多元智能可以得到潜移默化的、浸润式的发展,如果教育者对混合式教学环境进行精心设计,学习者的多元智能的发展将更具系统性和成效性。混合式教学环境能够为学习者的多元智能的发展创设适应性、触发性和诱导性的学习氛围,是诱导、激发和强化多元智能发展的强效活动平台。多媒体和网络技术提供的视频、图像、颜色、结构、声音、音量、音调等视、听的多感官刺激,可以帮助学习者创造愉快的学习情境,使学习者更具学习的耐心,更易抓住学习的重点。多元智能发展需要在丰富多样的活动情境中展开,在混合式教学所营造的多媒体网络环境中,各种智能活动都可以"按需所求""自得其乐"地发展。混合式教学突破了传统课堂教学的时间和空间维度的限制,可以帮助学习者扩大交流对象;通过教学中基于案例的学习、基于问题的学习等教学活动安排,混合式教学能够为学习者创设情境化的问题空间,引导学习者学会解决现实问题,从而建构有意义的知识体系。此外,在混合式教学中,学习者通过运用现代教育技术,如多媒体软件、文字处理软件、数据处理工具等,不仅可以极大地提高学习效率、节省学习时间,而且可以开拓和体验全新的学习方式,感受新型的学习文化。混合式教学环境还可以对学习者的学习进程、学习时间、学习方式和学习结果等进行数字化记录,帮助学习者反思学习过程,总结学习经验,调整学习策略。

第三节　人本主义学习理论

一、人本主义思想和人本主义学习理论

人本主义发展于 19 世纪,是由多种哲学流派组成的哲学思潮,它反对传统哲学中的认识对象本体论,以认识主体——人为本体。它认为人应该是哲学的出发点和归宿,强调主体的创造作用,把一切事物都看成是人的意志和生命的派生,认为事物的意义和性质是人所赋予的,科学的方法不能认识人和事物的本质,只有用直觉的方法,通过体验才能获得对事物本质的认识。20 世纪上半期,以法国萨特为代表的存在主义进一步发展了人本主义理论。"存在先于本质"是存在主义的基本观点,认为人有绝对的自由,强调人要对自己的行为负责,认为真正的知识是通过直觉而获得的,是个人选择的产物。

人本主义学习理论以学习者为中心,要求教育回归到人的发展的原点,认为学习的本质是促进学生成为全面发展的人。人本主义学习理论重视人的自我实现,重视人的情感作用和内在动机,重视人的尊严和价值,重视人的成就感,重视学习者的认知结构,强调个性与创造性的发展,主张给学习者学习的自由和自我选择、自我发现的机会,认为有效学习应该在轻松、合作、温暖、有安全感的气氛中进行,认为最优的学习情境应该将集体人格中的威胁降到最低点,提倡教学的过程是对学习者的学习过程逐步放弃控制的过程。人本主义学习理论有利于为学习者提

供开放的、探索式的学习环境,发展学习者的思维和解决问题的能力。人本主义学习理论在强调环境对学习的意义、合作学习的重要性等方面,与建构主义学习理论有相似之处。人本主义学习理论对克服传统教学忽视对学习者的个性培养、忽视对学习者自学能力和创造精神的培养、忽视对学习者学习主动性的提高等方面有积极意义。

二、人本主义与混合式教学

现代教育技术发展到网络辅助教学阶段,人本主义理论成为其重要的理论基础之一。混合式教学所营造的多媒体网络环境为学习者创设了广阔、丰富而自由的学习环境,提供了丰富的学习资源,拓展了学习的时空维度,为学习者的自主学习、合作学习、发现学习、探究学习提供了基础,方便学习者自我探索、自我发现和自我交流,有利于学习者全身心投入创造性学习中。学习者可以选择学习方向,寻找学习资源,解决学习疑问,确定行动指南,承担选择后果。混合式教学模式体现了以人为本的精神,基本实现了人本主义所主张的以学生为中心的教学形式和让学习者自主学习、自我实现、自我评价的目的。在混合式教学模式中,教师由传统的知识传授者变为学习者学习的指导者、引导者、合作者、监督者和咨询者。教师应该在平等开放的环境中,引导学习者自主学习、合作学习,指导学习者学会学习,满足学习者的求知欲。在混合式教学环境中,师生成为双向参与、双向沟通、平等互助的关系,这种人际关系的形成也体现了人本主义崇尚的人的尊严、民主、自由、平等的价值观。

第四节　认知理论

一、认知理论学习观的特点

认知理论的核心要素是学习者主动实践理论知识,并在实践活动中与他人、环境相互作用,以提高自身的能力水平。因此,认知理论的学习观有以下五个特点:

第一,情境性。学习者在学习时处于具有线索指引功能的情境中是情境认知理论的核心。情境认知理论认为情景化的学习有助于学习者记忆所学知识。

第二,真实性。学习者应将理论知识运用于实际事件。真实认知理论将学习活动的真实性分为两个方面:一是物理真实性,即学习者在真正的知识运用环境中进行实习;二是认知真实性,即学习者在实习过程中体验专业活动的真实过程。

第三,实践性。学习者应积极参加专业领域的相关实践活动,而并非从别人的经验中获得知识。其强调学习者在参与实践活动的过程中,要不断发现问题、分析问题并找到解决问题的方案,依此来分析自身专业领域知识的实际理解程度,而不是注重学习成绩的优劣。

第四,探究性。学习者在实践过程中,不必在意他人的看法,要行使自己在真实环境中寻找问题、解决方法的权利,并对自己提出的解决方法负责。

第五,主动性。学习者的学习活动并不是被动完成的,而是其发自内心主动完成的。因此,教师要设计生动、有趣、直观、形象、真实的问题情境,并有针对性地提供示范指导,让学习者在学习过程中感受到学习的乐趣,激发其好奇心、求知欲和责任感。

二、基于认知理论的线上线下混合式教学模式的优势

第一,教学内容丰富。徐晓丹(2018)指出在传统的教学模式中,教师的教学任务安排以教学大纲为基准,教师依赖教材章节目录编排内容,采用填鸭式、满堂灌的方式传授知识,学生在整个教学过程中是机械地听、记、读,没有思考和实践的机会。在基于认知理论的线上线下混合式教学模式中,教师把教学目标分解,依据学生层次安排不同的学习任务,学生在课堂中跟随教师的步伐完成学习,并在课后根据自身条件选择教师提供的网络学习资料进行自我补充学习。

第二,满足不同层次学生的学习需求。教师应用线上线下混合式教

学模式,实际上是结合学生学习特点及知识结构,让学生能够通过自身的努力及实践,达到能力提升的目的。因此,线上线下混合式教学模式可以满足不同层次学生的学习需求,帮助学生更好地参与课堂教学,促使学生在课后根据教师的提示补充知识。

第三,学习方式灵活。线上线下混合式教学模式可以让学生在教学过程中有更多的时间开展实践活动,保证了学习效果。同时,与传统的教学模式相比,线上线下混合式教学模式还打破了教学时空的限制,学生的学习方式更加灵活。学生可以根据教师提供的各种线上学习资源在课下提前完成基础知识部分的学习和课后查缺补漏,课堂教学中教师根据情景开展的各种抢答、讨论等环节让课堂氛围更为活跃,学生思维处于一种积极兴奋的学习状态,学习效果显著提高。

第四,提高了学生的学习积极性。教师应用线上线下混合式教学模式可以让学生在轻松的环境中客观地表达自己,提高了学生学习的积极性。同时,线上教学能够给学生提供更多的学习资源选择路径,让学生有选择性地学习自己感兴趣的学习内容。同时,线上教学平台具有教学视频回放、课件下载、重点内容重复等功能,可以帮助学生轻松完成学习。此外,线上教学平台的签到、讨论、隐私提问和回答等功能方便快捷,大大提高了学生的学习兴趣。

第五,学生学习过程更加客观。郭鑫(2009)指出,在传统的教学模式中,教师对学生的日常学习行为评价总会带有一定的主观因素,缺乏量化评价指标。在线上线下混合式教学模式下,基于信息化的学习平台,学生整个学习过程能被客观、完整地记录并保存下来,教师对学生的日常学习行为评价有据可查,能够更客观、更真实地评价学生的综合能力。

第五节　深度学习理论

深度学习这一表述最早由美国学者马顿和塞尔乔于 1976 年提出,他们根据学习者获取和加工信息的方式对学习状态进行质性描述,认为深度学习是采用理解方式的学习,体现在"寻求意义、关联想法、使用证据、对观点而非通过考试有兴趣"四个维度(彭红超,2020)。2005年,黎加厚教授团队提出,深度学习是"在理解学习的基础上,学生能批判性地学习新的思想和事实,将它们融入原有的认知结构,能在众多思想中进行联系,将已有的知识迁移到新的情境中,并做出决策和解决问题的学习"。2017年,崔允漷教授对深度学习进行了进一步的界定,认为深度学习是"在复杂环境下表现出高度投入,高度认知参与并获得意义的学习"。根据美国学者布鲁姆的教育目标分类理论,从分类学角度,从学习的投入程度、思维层次、认知体验等方面看,"知道""领会"属于低阶的浅层学习,"应用""分析""评价""创造"侧重对知识的本质理解和对学习内容的批判性应用,属于深度学习的范畴(杨一丹,2020)。我们观察当前的课堂教学可以发现,教师的大部分教学时间仍然停留在如何帮助学生实现对知识的记忆、复述或是简单描述上,即浅层学习活动。关注知识的综合应用和问题的创造性解决的"应用、分析、评价和创造"等高阶思维活动,并没有在当前的课堂教学中得到足够重视。深度学习理论研究者安富海(2014)正是在对孤立记忆与机械式问题解决方式进行批判的基础上,提出教师应该将高阶思维能力的发展作为教学目标的一条暗线并伴随课堂教学的始终。

在当今的大部分课堂教学中,学生需要较少帮助的浅层学习活动,常发生在教室之中;而当学生试图进行知识迁移、做出决策和解决问题等深度学习时,却发现自己孤立无援。基于此,以翻转课堂为代表的混合式教学,将原有的教学结构颠倒,即浅层的知识学习发生在课前,知识的内化则在有教师指导和帮助的课堂中实现,以促进学生高阶思维能力的提升。

第六节　泛在学习理论

泛在学习理论最早是由美国的马克·威士在"泛在计算"概念的基础上提出的。泛在学习是数字学习的一种延伸,其又被称为"无缝学习",就是说,任何人可以在任何时间、任何地点获取任何学习内容的一种学习方式。刘婷等学者提出,泛在学习是学生可以在任何地方、任何时间使用手边可以取得的科技工具,利用信息技术来学习的 4A 学习方式[任何人、任何时间、任何地点、任何设备(Anyone, Anytime, Anywhere, Any device)]。付道明等学者认为,泛在学习是指在信息空间与物理空间相融合的空间里,学习的发生无处不在,学习者可以得到计算环境随时随地的支持。综上所述,泛在学习理论为基于慕课的混合式教学设计中学生使用手机进行线上学习的方式提供了基本的理论依据。据调查,学生基本上每人都有手机,满足了泛在学习方式中对于随时可以获得的科技工具的需求。此外,已经有部分学生开始尝试使用手机作为学习工具进行线上学习,只是尚未养成自主学习的习惯。因而,基于学生的学习特征,需要教师进一步指导其如何通过手机进行线上学习,培养其自主学习和终身学习的能力。

第七节　"产出导向法"理论

北京外国语大学文秋芳教授结合国外和国内的英语相关教学理论提出了具有中国特色的英语教学法即"产出导向法"(Production-oriented Approach),以下简称 POA 理论。POA 主要解决我国大学英语课堂教学中"重学轻用"或者"学用分离"的现象。POA 理论体系分为三个部分:教学理念、教学假设和教学流程。教学理念分为"学习中心说""学用一体说"和"全人教育说";教学假设分为"输出驱动""输入促成""选择性学习""以评促学"四个部分;教学流程分为由教师主导的"驱动""促成"和"评价"三个部分。在教学理念方面,文秋芳认为课堂教学的一切活动首先都要服务于有效学习的发生,就是要注重提高学生的学习效率,而不是只关注学习的过程,要根据学习的结果以判断是否达成"有效学习"。该理论挑战"以学生为中心"的教学理念,"以学生为中心"一方面过于强调学生的作用,一切以学生为主体,使得课堂教学难以掌控,很难达成"有效学习";另一方面将教师的作用边缘化,很难发挥教师的主导作用。此外,一切语言教学活动都应与运用紧密相连,因此只一味地积累"输入性知识"或"惰性知识"是没有用的,教师要积极帮助学生将这些"惰性知识"进行产出,以灵活运用于日常交际中。教师给予的课前输入材料应该是按照难易程度来区分的,以便不同英语基础的学生都可以找到适合自身水平的材料进行输出;教师应当关注每节课的教学目标是否达成,促成学生的"有效学习"的发生。POA 指出输入性学习和产出性运用是一个紧密结合的有机整体,在整个过程中教师要恰当地发挥中介作用来促成"有效学习"的发生。

教学理念中的"学习中心说"主张教学必须使教学目标得到实现并促成"有效学习",教师可采用多种方式,并且要从中选择合适的教学方法来实现教学目标,以促成学生的有效学习,而不是做"无用功"。"学用一体说"中"学"指的是输入性学习,包括"听力和阅读",而"用"指的是输出性学习,包括"说、写和口笔译"等,该假设是指要"学用结合"以及如何使教材发挥最大的作用,学生不单单是学习教材,而是要以教材为手段用英语完成产出任务,进而做到"学用相结合"。"全人教育说"是指教育要能够促进人的发展,因此教师在设计产出任务时,要使学生形成正确的价值观,促成人文性目标的实现。教学假设部分,首先是输出驱动假设,"输出驱动"主张产出既是语言学习的目标又是语言学习的驱动力,即产出性学习可以激发学生的求知欲和好奇心,进而取得良好的学习效果。教师的教学起点是"输出驱动",一来学生通过输出驱动,可以培养英语听力和口语表达的能力;二来在输出的过程中也会发现自己的不足,进而会为了完成产出任务而进行输入性学习,以此来促使学生达成学习目标。"输入促成"是指在教师给出产出任务后,学生在互相交流的基础上,教师又能给出输入性的材料,这样就会为学生的产出起到引领的作用,从而使产出水平达到新的高度。"选择性学习"是指根据产出需要,从输入性材料中选择重要的信息进行深度加工,而不是全盘吸收。

第三章　混合式教学在中职英语基本课型中的应用

第一节　词汇教学

一、中职学生英语词汇学习现状

中职学生普遍反映英语词汇难读、难记、难写,并且记忆不牢固、不持久、不深刻。中职学生学习情绪化、倾向化、功利化严重,对于开放动态、信息化的新兴事物兴趣浓厚,积极投入;对于陈旧死板、公式化的英语单词兴趣不高,畏惧排斥。在词汇习得过程中,中职学生缺乏自我激励、自我控制与自我监督能力,导致词汇学习效率低下,勉强记住英语词汇音、形、义,却不能灵活应用。中职学生缺乏先进灵活的词汇记忆辅助工具,采用传统的抄写默记的词汇背诵方式,逐渐陷入"怕读怕背—不过关—重默—抵触—厌学"的恶性循环。教师在词汇教学过程中监控力量薄弱、教学效果反馈不畅、教学策略调整滞后。上述问题导致中职学生对英语词汇学习的积极性、主动性、参与度不高。本部分以"雨课堂"为例,讲解中职英语混合式教学中的词汇教学。其他具有类似功能的平台也可以用同样的方法进行教学。

二、"雨课堂"在中职英语词汇教学中的应用

1.课前——利用"雨课堂"促进英语词汇教学资源的整合优化和及时推送

利用"雨课堂"信息化手段,教师根据中职学生的知识体系结构层次和认知发展规律,对分类复杂、条目繁多的英语词汇按由易到难、由浅入深的顺序进行归纳整理,使学生的词汇学习具有系统性、规范性和规律性。利用"雨课堂"实时、便捷的优势,教师可对反映时事政治、流行趋势和时尚热点的新兴词语、网络热词、流行词汇进行迅速及时的整理归纳、

整合优化,在"雨课堂"上发布、推送到学生手机上,保证"雨课堂"课前推送词汇的适用性、时效性和实用性。

教师利用"雨课堂"将词汇的使用规则和具体内涵融入蕴含各式各样语境的语料中,以视频、电子课件、情境动画等形式在课前推送至学生微信,如世界局势、时事政治、新闻资讯等实时性和时代性的语料,或美文赏析、名人演讲、流行歌曲等鲜活化、趣味性的语料,或是旅游指南、产品说明、天气预报等实用性或实践性的语料等。这些语料推送至学生手机端后,学生可根据自己的认知结构、技能水平和学习能力及时接收任务,自主高效地完成预习任务。教师通过手机软件来掌握学生预习时间、浏览次数和其他的学习轨迹,把握重点、了解疑点、掌控难点,为课中做好准备。

2. 课中——利用"雨课堂"对学生词汇习得进行全程的指导、监测和反馈

课中,学生扫描二维码进入课程,同步完成考勤。学生有疑点、难点可点击"不懂",观点见解、习题答案可通过"投稿"和"投屏"功能与同学交流分享、协商讨论。"雨课堂"为师生提供完整立体的数据支持、个性化报表及自动任务提醒,教师在课中可以对学生的词汇习得进行全程监督、实时记录和及时反馈,全程量化学习成效、把握学习轨迹、收集反馈信息,并以此为基础更新教学资源、优化教学策略、调整教学进度,做到因专业施教、因班施教和因生施教,促进英语词汇教学由"经验驱动"模式向"数据驱动"模式转型升级。"雨课堂"的数据统计功能包括学生数据、习题数据、课件数据等,如正确率、答题率、批改率、平均分、优秀学生、预警学生等过程性数据。

3. 课后——开拓"教师主导,学生主体"的个性化英语词汇学习空间

"雨课堂"具有自动保存课前预习、课中教学、课后复习所有过程性数据功能,学生可在课后及时查漏补缺、归纳拓展。课后,学生通过"雨课堂"可实现本人智能形成错题本、错误知识点关联、个性化作业推送等学生端功能,便于学生自主选择学习内容、统筹学习时间、制订学习计

划,培养学习的独立性、自主性和探究性。教师通过"雨课堂"的弹幕内容,对易混词汇进行辨析,对长难词汇进行词缀词根分解,整个过程重塑教学模式、重新定位师生角色——教师只起到监督指导、组织协调、反馈评价的作用,学生从知识的被动接受者、存储者转变为信息化教学资源的开发者、主动建构者;教师从知识的灌输者和课堂的说教者转变为"雨课堂"模式下教学的组织者、引导者,师生共建"教师主导,学生主体"的英语词汇课后学习空间。

三、基于"雨课堂"的英语词汇教学策略

1.单词音乐短片教学法

"雨课堂"通过资源推送功能,向学生推送单词音乐短片,这些单词音乐短片趣味性、娱乐性和时代感极强,"雨课堂"单词音乐短片推送功能还把英语词汇融合进当下流行的英文歌曲和影视剧中。在形象逼真、活泼生动且富有浪漫气息和时代感的语境中,结合音乐的节拍韵律,学生对单词的记忆事半功倍。这些单词会在单词音乐短片情境中反复出现,通过循环交替的形式刺激大脑,强化记忆,使学生利用已获得的目的语的资源和知识体系的经验,实现输出、构建知识、积累词汇。

2.交际合作法

"雨课堂"模式下的英语词汇交际合作式教学积极构建协商讨论、自主探究和协作学习等学习共同体模式,不仅强调学习过程中个体的知识建构,而且强调知识建构共同体成员之间的交际、对话、协商与合作。通过"雨课堂"课堂红包功能激发学生的英语词汇学习动机,提供学生学习内驱动力,提升英语词汇学习效能。"弹幕式"课堂讨论功能作为激发情感共鸣、启迪思维、激发兴趣的重要途径,大家模糊的地方可以质疑,不同的观点可以辩论,利于实现问题共振、情感共鸣和智慧共生,有利于培养学生学习的独立性、自主性和探究性,促进学生思考、决策能力、应变能力,以及高级认知能力的形成。"不懂"按键功能有利于激发学生好奇心理、求知欲望和探索意识,有利于培养学生勇于探索、敢于创造和追求

真理的科学精神。"雨课堂"模式下,将单词比赛或好友的学习记录作为竞争机制引入词汇教学中,可以激发学生的竞争意识、主观能动性和学习的内驱动力。学生与好友就词汇学习中的重难点进行分析讨论,交流词汇学习的心得体会,大家群体参与、平等竞争、协作探究,改善课堂内的社会心理气氛,缓解学生对外语学习的情感障碍、学习焦虑和厌烦心理,提升学生人际沟通能力、社会交往能力和团队合作能力。

　　3.图片联想教学法

　　20世纪80年代,双重编码理论为知识可视化奠定了理论基础。双重编码理论认为,信息以视觉和语言的形式交替呈现,使人们更易于识别记忆。"雨课堂"利用了基于双重编码理论的图片联想记忆法,通过资源推送功能,将包含重点词汇的音频、视频、图片、动画发送到学生手机端,创设一个活泼生动、真实形象的情景式教学环境,使学生有身临其境之感,通过语言与语境的有机融合,学生对英语词汇知识自主探索、积极构建并主动内化。在"雨课堂"模式下,教师打破传统单词释义和词典例句的束缚,创设与学生生活息息相关,与时代特征结合,与国际社会接轨的词汇应用场景,如学习酒店咨询相关词汇时,教师向学生推送含有接待人员、咨询台和旅行代理等人物和事件的情境动画,通过直观生动的人物形象、动态逼真的情境和地道纯正的发音来加深学生对单词的理解和记忆。"雨课堂"通过可视化理论,打破了传统英语词汇教学中"英语词汇—中文意思—词汇所指"三角转换关系,提高词汇的记忆效率和学习有效性。

　　总之,利用混合式教学,把各种教学平台与中职英语词汇教学有机结合,实现英语词汇教学资源的整合优化、英语词汇教学内容的实时适用、英语词汇教学手段的灵活高效、英语词汇教学评价方式的全面客观。利用"雨课堂"这一智慧教学工具对中职英语词汇教学进行信息化改革,实现信息技术与中职英语词汇教学的深度融合。

第二节 语音教学

一、英语语音学习特点

英语语音课程的教学目标是帮助学生养成正确的发音习惯，形成地道的语音语调。要达成这样的目标，就必须认识到英语语音教学的两大要素：教学内容和教学方法。教学内容要循序渐进，从基本的 44 个音素开始到重读音节、句子中单词的重读弱读、连读和节奏等，从读一个单词、一个句子到一个段落再到大段文字，从最基础的童谣、绕口令、韵律诗到儿童文学作品、经典文学作品、经典演讲、时事新闻、政府工作报告译文。教学方法则是以听入手，听读齐头并进；练习的形式则是以模仿和朗读为主。

二、学情现状和教学局限

1.学情现状

中国学生因为大都是在汉语母语环境下学习英语，平时缺少语言环境，同时因为重笔试、轻口语，重词汇语法等知识点、轻视语音知识，认为发音基本能被识别就可以了的思想在作怪，导致学生对于语音的重读、弱读、连读和节奏等基础知识不够重视。

2.教学局限

每一个学生个体的语音具有一定的差异性，针对差异性进行个性化的训练和指导是必然。而在传统的教学模式中，上课讲解基础的语音知识就要占用大部分时间，留给学生自我训练和教师纠音的时间是少之又少，更不用说针对个体差异来采用不同的训练内容和方法了。因此，传统的英语语音教学犹如"大锅饭"，适合不适合都是一样的菜谱。

三、英语语音混合式教学策略

混合式教学是以学习和教学两大目标为导向，在多种学习理念的指导下,根据学习内容、学生、教师,混合"面对面教学"(线下教学)、"网络学习"(线上教学)和实践三种方式来实施教学的一种策略。英语语音课程是英语专业的一门专业基础课程,也是实践性特别强的一门课程,其课程特点就是内容逻辑整齐明晰,在教师的点拨下,借助信息平台,就可以充分地进行自我学习。其特点与混合式教学的教学策略不谋而合。

四、教学实施方案

本着解决教学局限问题的初衷,教师把传统语音课程教学中课堂教学时间不够开展的内容安排在线上,在新课上采用"课前微课预习＋课上翻转讲解＋答疑解惑＋大量训练"的模式。这种模式有助于节省教师课上进行统一讲解知识点的时间,同时课上学生进行翻转输出知识点的过程也是教师检查学生是否掌握了知识点的过程;之后进行大量训练的过程也是实践知识点和检查知识点掌握程度的过程。这种模式需要教师做好英语语音基本知识点的微课建设。教师在制作微课过程中需要学会化繁为简,用最简单直接的语言讲清楚知识点,同时需要有例句支撑。针对学情差异,教师在复习课上采用"课前语音上传平台＋课上针对性纠音"的模式。课前,教师需根据学生上传至信息平台的语音,找出学生普遍存在的共性问题;课上,教师进行针对性纠音。这样的两大模式,既突出了教学重点,也提高了教学效率,教学的效果也很明显。

五、教学资源构建

互联网时代,最不难获取的就是资源,但是对于资源的选择则需要教师拥有一定的智慧。教师要选取最适合学生,最能够提升不同学生学习水平的资源。

根据语音学习特点,学生循序渐进地使用感兴趣的材料,并进行充分的训练,会起到事半功倍的效果。最有英语语言韵律感和节奏感的童谣和韵律诗是当仁不让的首选,在中间再穿插一些绕口令的训练,也是让学生对英语语音训练增加好感的有效途径。充满温情的纽伯瑞儿童文学获奖作品的朗读,深受学生喜爱。作品中所传达的友情和爱,对于激发学生对生活、对人生的理解也是相当有益处的。这些文学作品不但能够训练学生基础的语音技能,还能够让学生领略到英语语言的美感,同时作品带来的人文和哲学思考也是不可小觑的。经典演讲能够让学生感受到语言的超大能量,模仿演讲中最经典的部分,感受演讲语言的节奏韵律,感受语言的魅力,进一步激发学生对于语言学习的兴趣。时事新闻和政府工作报告译文的朗读则是对学生高阶语音能力的考查,面对不太常用的政治、经济、科技等专业词汇,在正确划分意群的同时能够熟练朗读文本是英语语音课程的高阶目标。

大量充分的教学资源也要根据学情有选择、有目的地进行训练。基础较差的学生不妨选择童谣、韵律诗和儿童文学作品进行更多的训练;而基础较好的学生则更多地选择经典文学作品和时事新闻以及政府工作报告译文进行训练。这些资源的选择利用都需要建立在教师对学生的正确评价基础之上,根据评价结果,学生将借助信息化平台进行资源的选择和训练。

所有的资源选择以适度为准,宁少而精,勿多而杂。目的在于训练语音,对一个文本,读熟、语音训练到位后再读下一个,绝不是为了泛读更多作品。

六、教学评价多元

英语语音课程线下课堂教学活动以读为主,因为朗读效果比较直观,评价体系也比较直观。除了正常的课堂教学中的教师对学生、学生对学生以及学生对自我的评价之外,混合式教学模式下增加了信息化教学平台中的信息技术手段的评价,包括学生在线时长、微课学习时长、提交作业次数等。将这些评价有机地结合,并客观公正地对学生进行评价,体现对学生学习热情和学习效果的肯定,最终帮助学生形成良好的自我认知;同时借助信息化平台让学生对课程的教学理念、方法手段和效果进行评价,让教师及时掌控教学情况,从而促进教学相长,提高教学效率。

　　总之，英语语音课程的混合式教学融合线上线下，并利用丰富的教学资源，结合多元的评价体系，提高了教学效率，增强了教学效果。同时这种混合式教学颠覆了传统的课堂教学，把教师从"知识讲解者"这个身份中解脱出来，慢慢向"导学"这个身份靠拢。未来，随着信息化时代信息技术手段不断加强，这种趋势将越来越明显。如何最大化发挥学生自主学习的能动性和教师导学的作用将是未来探讨的方向。

第三节　语法教学

一、中职英语基础语法课程分析

　　本部分涉及的英语基础语法课程指的是一门研究英语的语言结构规律的知识。语法是语言学的一个分支，是研究英语语言表达的规则。或者说，语法就是用词造句的规则系统，它是词的构成规则、变化规则和组合规则的总和。

　　本部分基于英语基础语法课程来研究构建混合式教学模式。一方面，由于大多数英语课程仍应用传统的教学模式，渐渐凸显出教学效果不明显，不符合学生的兴趣和需求的特点。大多数中职学校中有能力制作高水平网络课程的英语教师比较少，而且能服务于英语课程教学的具有信息化设备的教学场所也颇少，学习终端有障碍。因此，推动英语类课程开展混合式教学的实践研究就显得较为迫切。

　　另一方面，目前的英语教学理念大多不提倡使用大量课堂时间来讲解语法知识，而提倡打破传统的语法教学方式，不同程度地表现出淡化语法教学的现象。它希望学习者在活动中和体验下自然形成语言，避开语法规则的条条框框。实际上，在多年的实践活动中我们发现学生只是参与了许多活动，在课堂上习得的知识，在课后会逐渐淡化，没有沉淀。所以，如何创新语法教学，实施有效的课堂教学策略，提高学生应用语法知识的能力，显然还需从认识和实践上找到妥善解决的方法。结合了传统教学优势和线上系统优势的混合式教学无疑给语法课程的教学改革带来了福音。

二、PACE 教学模式

PACE 分别代表 Presentation（呈现语言材料）、Attention（注意语言形式）、Co-construction（共同建构）和 Extension（开展拓展活动）。PACE 教学模式是以交际教学法、建构主义及二语习得中的输入加工输出强化假设理论为基础的（翟成敏，2017），旨在提高学生运用语法知识的能力。PACE 教学模式主张在语境中进行语法教学，整合显性语法教学和隐性语法教学，强调"以学生为中心"，发挥他们的主动性。线上线下混合式教学模式不仅仅是面对面教学与在线教学的混合，更是在"以学生为中心"的学习环境下教学与辅导方式的混合。也就是说，混合式教学结合传统教学与网络教学的优势，既能发挥教师在教学过程中的主导作用，又能充分体现学生作为学习过程主体的主动性、积极性与创造性（赵彤，2019）。

三、语法教学课例

下面以情态动词 can、may、must 的教学为例，探讨如何将 PACE 教学模式与线上线下混合式教学模式结合，并运用到中职英语语法课堂，提高教学效率，激发学生的学习兴趣和动力。

1. 教学内容

教学内容为外研版《英语基础》模块一"Unit 6 What's for dinner?"里 Grammar 板块中的情态动词。本单元的话题为"Food and Drinks"，听说板块通过餐厅员工与顾客之间的对话（点餐），引入情态动词 can 的用法；读写板块通过介绍制作沙拉的步骤，引入情态动词 may 和 must 的用法；Grammar 板块要求学生掌握情态动词 can、may、must 的区别及用法。

在 Grammar 板块中，教材只是单纯地呈现语法知识点，缺乏语言情境，因此，教师在呈现语言形式环节，插入贴近学生实际生活的"制作食物"主题。基于 UMU 互动学习平台,借助信息化技术手段,引导学生在真实的情境中观察和体验情态动词 can、may、must 的用法,再借助"易企秀"H5 文本、flash 动画和情景图片等教学资源引导其认知语法意义,从而使其内化并由浅入深地运用到写作和口语任务中。

2.学情

授课对象是电子商务英语一年级学生。"制作食物"的话题是学生熟悉且感兴趣的。虽然学生在初中已经学习过情态动词,但是大部分学生英语基础薄弱,辨析情态动词存在一定的困难,且不能灵活、准确地将情态动词运用到听、说、读、写活动中。另外,学生的词汇量不足,对英语语法学习缺乏兴趣,在开展练习活动环节,可能存在参与度不高的问题。

3.教学目标

根据中职院校电子商务英语专业一年级学生的认知能力,以中职英语学科核心素养为指导,教师将本堂课的教学目标设定如下:

(1)语言能力

学生能够掌握情态动词的形式与意义的区别;学生能够灵活、准确地使用情态动词进行写作和口语训练。

(2)学习能力

学生能够学会使用思维导图整合和归纳语法知识点,提升思维能力;学生能够通过小组合作方式提高合作意识和交际能力。

(3)学科核心素养

学生能够通过学习中餐菜谱,培养对传统饮食文化的认同感,并自觉促进优秀传统文化的传播。

4.教学过程

课前环节:辅导预习

(1)教师在 UMU 互动学习平台发送资源,发布课前预习单。教师在 UMU 互动学习平台发布词汇教学视频,要求学生根据已学词汇和句型,利用 X-mind 思维导图,整理食物词汇"知识树";让学生自选材料,制作一款自己喜欢的中国菜,并以照片的方式记录制作过程,用中文标注步骤及做法。

(2)教师在线监督学生学习,进行个别辅导。

(3)教师批阅学生提交的作业,诊断学情,调整教学策略。

【设计说明】教师利用 UMU 互动学习平台拓展学生的学习时空;教师利用 X-mind 思维导图整理"知识树",让学生全面、系统地回顾本单元的词、句的知识点;教师通过拍照记录制作过程,鼓励学生动手劳作,为完成课堂任务准备素材。

课端环节:呈现语言材料

教师播放视频 "*How to cook Spicy Pepper Chicken*",发送辣子鸡菜谱,并提问:

(1)How long does it take to cook the Spicy Pepper Chicken?

(2)What do we need to make the Spicy Pepper Chicken?

教师播放完视频后,将文本资料以"易企秀"H5 菜谱的形式发送到 UMU 互动学习平台上。

【设计说明】教师通过创设与学生生活相关的情境,让学生在真实的语境中接触、体验和理解目标语言;运用"易企秀"H5 呈现有声文本,增强阅读的趣味性,让学生在具体的情境中关注语法知识点。

课中环节:观察、分析和应用

Step 1:关注语言形式

教师将"易企秀"H5 文本中的 can、may、must 用黑体和下划线突出,引导学生猜测 can、may、must 在文本中的意义和用法。

第一步:You must clean the chicken drumsticks and cut them into small pieces.

第二步:Mix the chicken with 1 teaspoon of salt,and 1 teaspoon of cooking wine for 20 minutes.

第三步:You can cut the dry pepper,ginger and spring onion into small pieces.

第四步:Then you must fill the hot wok with oil.

第五步:Put the chicken into the hot oil to deep-fry.

第六步：Scoop the chicken and set aside.

第七步：You may leave a little oil in the wok，and add in ginger，dry red pepper and Sichuan peppercorns and stir until fragrant.

Step 2：共建语法规则

（1）动画助辨析

教师在 UMU 互动学习平台发布 can、may、must 的 flash 动画，让学生通过小组合作讨论三个情态动词的意义及区别。在学生讨论结束后，教师邀请小组代表展示小组合作的成果——can、may、must 动画的内容，并进行点评、补充说明。

教师运用微信小程序"抢答器助手"，组织学生开展 can、may、must 语法选择题抢答赛。

教师分别播放自制 flash 动画，让学生在动画情境中学习 can、may、must 的否定意义和用法，并让他们到讲台上讲解对动画内容的理解。教师进行点评、补充说明。

【设计说明】教师通过了解学生对动画的理解情况，便于点拨、引导；flash 动画生动、直观地呈现情态动词的使用语境；教师通过语境对比，帮助学生辨析 can、may、must 的意义；学生通过"抢答器助手"进行语法练习，有助于巩固语法知识点，活跃课堂气氛。

（2）分类学句式

教师发布 X-mind 思维导图，要求学生拖动思维导图中的句子，将含有 can、may、must 的肯定句、否定句和一般疑问句进行分类，并在教师组织的学生小组中讨论，探索三种句式的结构特点并在思维导图上标注。教师进行随堂监控，个别辅导。

教师组织学生观察句子分类思维导图，并提问：

A. 情态动词是否有第三人称单数？

B. 情态动词后的动词形式是什么？

【设计说明】教师使用 X-mind 思维导图直观呈现分类特征，引导学生总结规律；学生通过小组讨论探索规律，培养团队合作意识，深化对语法知识点的理解。

（3）思维导图理思路

教师发布"情态动词 can、may、must 知识点思维导图"（填空版），组织学生通过小组合作方式完成思维导图。

【设计说明】教师通过思维导图系统回顾知识点，梳理思路，巩固教学重点；学生借助思维导图比较、分析、归纳语法知识点，培养概括性思维。

Step 3：开展语用任务

（1）活动一

教师展示图片，让学生根据图片用本课所学的情态动词进行口头造句。（规则：教师打开"好弹幕"，学生在手机上录入句子，发送弹幕，速度最快且回答正确者为小组加分）

在学生抢答题目之后，教师进行点评、讲解。

【设计说明】"好弹幕"竞答游戏，不仅能够活跃课堂气氛，激发学生的学习兴趣，还能训练他们的口头语言表达能力，有助于提高其运用语法知识的能力。教师讲解能够帮助学生巩固知识点。

（2）活动二

教师组织学生使用 PPT 为课前拍摄的中餐图片配文，制作图文菜谱。要求每个步骤至少使用 can、may、must 三个情态动词中的一个。教师组织学生用"易企秀"H5 模板制作一份精美的中英文食谱，并要求他们组内讨论，每组选一个代表作品，参加班级"最佳食谱"比赛。

【设计说明】教师要求学生用 PPT 制作图文菜谱，旨在培养学生在具体语境中运用所学语法知识进行写作的能力，提升其语言运用能力；学生运用"易企秀"H5 制作中英文食谱，能够提高其制作宣传海报的专业技能。

课尾环节：总结评价

（1）评价反馈

教师以"易表单"的形式发布自评表、互评表、师评表等评价表，展示评价表统计数据，点评学生及小组表现，邀请小组代表分享心得和收获。

（2）课堂小结

教师组织学生进行"头脑风暴"，让他们根据思维导图，小组轮流说出 can、may、must 三个情态动词中某一个知识点。教师相机强调"饮食"是文化交往的重要话题，引导学生既要热爱中华美食，又要尊重西方饮食文化，从而提高其跨文化交际能力，促进中西方友好交往。

（3）布置作业

①个人作业

A. 使用 Vlog 录制视频，用英文分享 My Favorite Chinese Dishes 的制作方法，并发送至 UMU 互动学习平台。

B. 完成"情态动词 can、may、must 语法专项小测卷"。

②小组作业

在微信公众号推文写作：小组合作，在小组微信公众号发文分享can、may、must 的知识点。

【设计说明】教师利用"易表单"发布评价表，有利于及时收集评价数据，并促使学生通过评价任务对自己和他人的课堂表现与语法学习效果进行评价、反思，培养学生思维的批判性和深刻性；学生及时梳理知识脉络，能够更加牢固掌握知识，形成严谨的学习态度；教师小结突出素质目标，提高学生的学科核心素养；教学活动重视心得分享，旨在鼓励学生共同进步；教师布置个人作业能够帮助学生深化对知识的理解和促进技能的掌握；小组作业延续小组合作，旨在使学生共享知识、巩固目标语法。

课后环节：反思拓展

（1）学生整理小组的中餐食谱，发起投票，邀请家长、校企合作职员共同选出"最佳食谱"。

（2）教师在 UMU 互动学习平台公布"绩效账户"中的绩效排名。

【设计说明】教师使用"易企秀"发起投票，动员家长、企业共同参与，扩大教学影响，推进全员育人；教师利用"绩效账户"排名，将学生在课前、课端、课中、课尾、课后环节的学习表现进行量化考核，提高学生学习的自觉性和积极性。

基于 PACE 教学模式的线上线下混合式英语语法教学模式具有以下优势：

首先，PACE 教学模式借助信息化手段能增强英语语法教学的趣味性，能准确、及时记录学生的学习轨迹，监测其学习效果，及时反馈评价结果。其次，PACE 教学模式关注学生的学习过程。学习是一个复杂的认知过程。教师通过问题引导学生独立思考、同伴协商和小组讨论，不仅降低了认知难度，还有利于激发其学习的主动性和积极性（翟成敏，2017）。最后，PACE 教学模式鼓励学生立足专业，在真实的职业或生活情境中接触大量的目的语，通过独立思考及小组合作自主构建语法规则、认知语法意义，从而很好地培养其自主学习能力，提升其英语学科核心素养。

第四节　听力教学

一、听力教学的现状

根据科学数据统计，我们在日常交际中，听的时间占 45%，说的时间占 30%，读的时间占 16%，写的时间占 9%。可见英语听力的重要性非同一般。尽管听力如此重要，但是我们仍然发现许多教师在教学过程中，对听力教学不够重视，许多学生听力非常薄弱。为何经过这么多年的学习，仍然存在这样的问题呢？这折射出我国现阶段听力教学存在的一些问题。

首先，我们大多数教师在教学中，大多重视外语知识基本语言问题，而忽略了技能的传授。很多教师觉得讲解语法、阅读和写作对于分数的总体提高效果较显著，而听力教学费时又收效甚微，因此没有花太多心思在上面，导致听力教学成为薄弱的环节。

其次，传统的听力教学方法较单一，枯燥无味。过去的听力教学模式一直是"放录音—对答案—重复录音加深理解"，长此以往，学生的学习兴趣提不起来，影响学习效率。

再次,从学生的角度出发,大多数学生历经几年的英语学习,对英语听力慢慢产生懈怠情绪,从一开始的不重视甚至到后来的不予理会。到中职院校之后,这种现象更为明显。大多数学生不重视听,几乎没有花什么心思在听力练习上。有些学生在一开始的学习中就没有掌握正确的单词发音以及相关的语法知识,导致听力过程中产生语音障碍。我们的教科书基本采用的是英国语音教学体系,然而近年来,美音逐渐出现在越来越多的听力材料中。如果学生平时不注意这些细节,听力障碍将不可避免地出现。

最后,综合来看,语言是文化的载体。学生的听力水平在很大程度上受到文化因素的影响。我们的母语环境是汉语,明显先天不足,只能靠后天努力。英语国家的语言习惯、生活方式、文化背景、风土人情明显与我们有显著差别,学生平时对此不够关注,也导致了听力理解出现障碍。

然而,随着科学技术的发展,混合式教学模式也慢慢出现在人们的视野当中,对我们的中职教学特别是听力教学产生了深远的影响,它充分发挥了教师的主导作用,提高学生的积极参与性。

二、应用混合式教学法开展中职学校英语听力教学的策略

1. 建设博采众长式的混合式教学资源

网络资源是开展混合式教学活动的前提条件,从网上选择适合学生学情的英语听力教学资源尤为重要。混合式教学结合线上与线下的英语听力教学资源,实现优势互补。教师需要坚持博采众长的理念,从网上搜集、选择并利用相关英语听力教学资源,如视频资料、英文歌曲、电影片段等,提高教学效率。

教师应将网络英语听力教学资源融入课堂教学中,为学生展示网络英语听力教学内容,帮助学生了解国外生活情况,降低学生理解英语听力课程的难度。网络平台既有相应的语音教学,又有相关语法教学资源,学生可通过观看相关英语电影培养英语听力能力,并以此激发学习兴趣,调动应用知识的主动性,在获取相关英语文化信息的过程中,增强英语听力学习的广度和深度,消除英语听力学习的障碍。

2.构建符合中职学校学生学情的混合式教学资源

对中职学校学生而言,其英语学习水平具有差异性,且缺乏学习积极性。因此,教师需要想方设法地调动他们学习的积极性与主动性。同时,教师需要根据学生掌握英语听力知识的具体情况和学生学习的差异性,选择相应的英语听力教学资源,并以循序渐进的方式尽可能地激发学生学习英语听力知识的兴趣,以增强教学效果。

中职学校教师在选择英语听力教学资源的过程中,需要坚持实用性,在教学的准备与设计阶段尽量选用贴近现实生活并富有情趣的视频或音频等教学资源,吸引学生的注意力。中职学校非英语专业的英语听说教材的教学内容具有较强的实用性,如相互介绍、相互祝贺、互相打招呼、道歉、相互告别、数字、时间、赞美、季节、天气等内容,这些都有相应真实的英语听力教学情境。教师可以较好地引导学生利用英语听力App在网上英语学习板块打卡学习。比如,学生在选择入住酒店时可用英语点餐;在介绍自己将来可能从事的工作时,使用英语进行电话沟通;在出国旅游时,尽可能使用英语进行购物或退换货。

教师也要更多地为学生创设接近现实生活的交际场景,并在考核英语听力学习情况中增加现实生活交际情境的考核内容,以督促学生增强英语听力学习的实用性。

3.应用混合式教学法开展个性化教学

一所学校应用信息化技术实施教学既能体现教学的精细化管理,又能体现个性化教学,还能促使教学决策愈加趋向科学合理化。

学习知识是相对复杂的个人行为,也是学生阶段性发展的基础。在英语听力教学过程中,因学生存在个体的差异性,再加上学生英语学习基础存在差异性,学生在学习英语听力知识的过程中所需的时间也有所不同。教师开展个性化英语听力教学是提升学生英语听力能力的一种重要方法。

在传统教学中,课堂教学时间有限,教师的教学资源同样有限,在以班级为单位的教学中,难以在未全面了解学生学情的情况下实施个性化教学。目前,网络和信息技术的出现,并被应用于教学中有效地解决了这个难题,教师可以根据学生个性化特点,应用网络信息教学进行相应的教学反馈,并实现对学生的个性化答疑,开展个性化教学。它能够紧密结合教材,依靠相关网络教学资源,弥补学生学习英语听力知识的漏洞,还能体现出个性化教学的重点。

4.利用优质教学资源培养学生的自主学习能力

传统英语听力教学方式是教师为学生讲解理论知识,让学生了解新语法、新单词,然后播放英语听力的录音,以矫正学生的英语发音,提高学生听的能力。对中职学校学生而言,其英语知识基础相对薄弱,并缺乏学习的积极性与自主性,仅仅依靠线下课堂教学不能很好地实现个性化教学。英语知识基础较差的学生在课堂中不能很好地理解所学的英语听力知识,容易产生焦躁或紧张等负面情绪,进而影响学习英语听力知识的效果。

教师利用混合式教学法,紧密结合现代教学信息化技术和优质的教学资源,既能充分体现现代化个性化教学,又能培养学生的自主学习能力。同时,教师需要更多地鼓励学生利用线上营造的学习空间预习英语听力内容,开阔学生阅读视野,增强自主学习能力。教师需要借助混合式教学法设计教学重点与难点,与学生共享网络学习资源;学生可针对自己在课堂教学中不理解的英语听力知识,借助网络学习资源补充学习。这种方法可调动学生学习的积极性,增强学生学习的成就感,巩固学生的学习效果,使学生形成良性循环。因此,混合式教学法能满足不同学生的英语听力知识学习需求,有利于学生制定学习目标。英语知识学习基础较好的学生可以参加相应的英语等级考试,以体现出英语听力知识的学习效果,有利于提升学生应用英语的能力。

5.应用线上与线下混合教学方式

线上与线下教学方式相结合,以线下教学为主、线上教学为辅,在混合教学中两者相辅相成。同时,教师需要进行良好的课堂教学设计,尤其要预热相应的教学环节,并通过必要的预热过程来激发学生的学习兴趣。比如,教师为学生播放一些英语对话的片段,让学生在听的过程中预判英语片段的对话内容,组织学生进行互动讨论,在用英语进行必要的描述中锻炼他们的英语听力能力。

教师也要紧密结合教学的重点与难点,设置相应的对话内容,为学生推荐相关的线上学习内容,以引导学生利用课堂教学和线上学习共同突破学习难点,理解重点学习内容,体现线上与线下两种教学方式的混合性、相辅相成性。

在课堂教学过程中,体现师生之间和学生之间的有效互动是学习英语听力知识的有效方法,尤其能增强学生英语对话能力。结合线上和线下教学方式,实现两种教学方式的有效混合,教师在布置线下英语听力练习题目时,要兼顾线上内容,以辅助学生通过互补的方式更好地学习或掌握英语听力知识,以此强化学生的学习效果。混合式教学的目的是提高学生的英语听力能力。

总之,对中职学校非英语专业学生而言,学习英语听力知识确实有一定的难度,教师需要转变传统教学理念,了解学生实际学情,借助现代教学信息技术应用混合式教学法,坚持以线下教学为主、线上教学为辅,通过两者的优势互补做好英语听力教学工作。

三、以微课为例介绍如何进行混合式英语听力教学

1. 微视频的制作与发布

教师应认真制作微视频,可以采用图片、动画相结合的方式吸引学生,时间控制在十分钟之内,内容应该包括与听力有关的资料和知识,要注重内容的全面性。微课视频的形式可以是 Flash 动画,也可以是讲解的形式,教师要对课文中的重点进行讲解。教师可以把制作完成的微视频发布在网络平台上,供学生下载。对于不容易懂的知识,学生可以反复地观看微视频,对于没有听懂的语句多次听讲。学生也可以利用网络平台和教师进行实时的沟通和在线讨论。

例如,在讲"Part-time job"这节听力课时,首先在导入环节提出了一个问题:"Did you do any part-time job before?"这个问题调动了学生的积极性,学生们纷纷开始小组讨论。学生的年龄在 20 岁左右,有的学生在暑期是有过兼职经历的,这样的话题学生们是比较感兴趣的。之后,笔者就课文中的听力材料播放了微课视频,学生们可以听到听力材料中的人是怎样评论兼职工作的。笔者在制作这节课的微视频时,参考了网上的很多微视频资料,按照教学目标,根据这节课的重点内容来制作这节微视频。学生遇到微视频中不理解的地方,可以在课上进行讨论或询问,这样更容易理解这篇听力材料。

2. 课前使用微课,使学生提前了解课上的知识

教师可以在课前布置一些任务,学生完成相关的内容。对于中职学校的听力教学来说,一个星期只有两节课的时间用于听力课,听力课的时间明显达不到提高学生听力水平的要求。因此,学生需要在上课前多听几遍教师准备的听力材料,这样在上课时才能够准确地把握重点、难点,准确地回答出教师提出的问题。教师可以提前制作相关的课件,制作出与听力材料配套的微课视频,使学生掌握一定的英语基础知识和技能。例如,笔者在讲"Environmental protection"这节听力课时,提前制作了微课视频。这节听力课涉及一些关于"environmental problems"的重点词汇,对于这些关于环境的专业词汇,学生第一次听会遇到一些障碍,因此笔者在微课中详细讲解了这些词汇,学生在课前可以反复地用微课听这些词汇。在上课时,学生熟悉了这些词汇,听起英语句子来就会容易很多。这篇听力材料中还涉及"environmental problems"和"environmental protection"的句子。学生如果在课前听这节微课,就可以在上课之前掌握这节课的重点词汇,部分学生还能够根据中文写出英语单词。这样,学生在听听力材料时,遇到的困难词汇就会少一些,就可以听懂大部分的语句,在听的过程中做好速记,记忆一些关键词并把它们串起来。因此,课前制作微课十分重要。

3.课中微课教学和听力教学相结合

在课堂中,首先,学生和教师交流他们在课前预习时所遇到的困难,教师可以针对这些困难和疑惑给学生布置具体的学习任务,学生分组进行讨论来完成这些任务,这样,学生就有充足的机会来表现自己。在以往的听力课堂中,教师主要是让学生来听录音,在学生听完录音之后再提问录音中的相关问题。在这样的课堂教学中,教师没有顾及学生的感受,课堂的气氛比较压抑,课堂教学效果不显著。在教学中运用微课教学,学生们可以看到精彩的画面,听到立体的声音,微课给了学生视觉和听觉方面的体验,从而营造出良好的课堂氛围。例如,笔者在讲"Sports"这节课时,课前已经让学生观看了这节课的重点单词微课,在课上就播放了"Communication"这个环节的对话信息,这段听力材料讨论的是 Los Angeles Lakers 和 Boston Celtics 之间的比赛。笔者运用动画的形式制作了两个人物之间的对话,这样学生很容易进入情境之中,产生对篮球比赛的兴趣。在学生听完之后,笔者为学生布置了一个任务:"和你的伙伴讨论你最喜爱的篮球明星。"这是一个关于口语表达的任务,学生因为刚刚有了听力材料的输入,头脑中有了相关词汇和语句的积累。这时完成这个口语训练的任务可以让他们由语言的输入转变为输出,有效地提高学生的口语表达能力。

4.课后利用微课巩固学习效果

教师在课后反思教学中的不足以及需要改进的地方,并制作成微视频,这样学生可以把课上有问题的地方反馈给教师,从而实现师生之间的进一步交流;学生还可以在课后再次学习课上的知识。对于听力水平有待提高的学生,教师要把微视频发给他们,让学生反复观看微视频,巩固课堂中所学的知识。这样,教师和学生一起巩固所学的知识,能够更好地优化学习效果。例如,笔者在讲"Internet and our life"这节课时,先让学生预习这节课的重点词汇:network, communication, online, shopping;在听听力材料时,还有一些网上购物的表达。在"communication"环节,笔者制作了一节微课,这节听力材料讲的是一个人去芝加哥之后,拍了一些照片,他的朋友想立刻看到这些照片,但是他不会使用 E-mail,他的朋友很吃惊,于是教他发送 E-mail 的办法。学生在课上听完这节听力材料之后,大致听懂了主要的内容。因为后面还有很多教学内容需要进行,笔者当时没有细致地讲解这段听力材料。下课之后,笔者进行了反思,认为对于这段听力材料,学生还可以学到很多地道表达,比如"come over"这个词组有三个意思:①(克服障碍后)从远方过来;②顺便来访;③突然感到。在听力材料中,"come over and take a look when you are free"中"come over"的意思是"过来"。笔者又列举了其他意思的两个例句:"Come over anytime, I am always in."(什么时候来都可以,我总是在家。)"She suddenly came over dizzy and had to lie down."(她突然感到头晕,并躺了下来。)这篇听力短文中还有一个"computer idiot",意思是"电脑小白"。对于"compose"(构成、创作),笔者在微课中重点讲解了"compose"这个单词,并举了一些例句。学生在课后观看微视频,一方面是对课上的知识进行巩固和记忆,另一方面也充分利用了课余时间,及时把这些知识都消化掉。

　　总之,微课对中职英语教学可以起到重要的辅助作用。教师利用微课教学把面对面教学和网络教学相结合,学生既可以看到多彩的画面,又可以听到立体的声音,感受到英语听力课的趣味性。教师要与时俱进,多多研究微课教学,提高自身制作微课的技术水平。

第五节　口语教学

一、中职英语口语教学现状分析

1. 教学方法陈旧

　　中职英语口语教学受传统课堂教学思想的影响,教师在课堂上占据主导地位,"一言堂"的教学方式依旧存在,学生被动地接受知识,"知其然,不知其所以然",导致学习收效甚微。在教学过程中,学生对这种陈旧的教学方式不感兴趣,通常是教师在讲台上口若悬河,学生在下面一脸茫然,学习效率低下。同时,学生的口语练习机会很少,缺乏练习,"哑巴式"英语普遍存在。

2.缺乏口语练习环境

语言的学习离不开良好的语言环境。中职公共英语口语教学课时数有限,学生仅靠课堂上时间练习口语是远远不够的。提高口语需要大量的使用和练习。对很多中职学生来说,学习英语很多年,也积累了不少词汇,但由于缺乏练习环境,简单的日常交流都无法顺利完成。此外,由于学生口语练习机会少,不够自信,害怕犯错误,害怕"没面子",不少学生觉得说英语会尴尬,没有形成良好的语言习惯。

3.缺少地道的语言输入

口语的输出是建立在足够的语言输入基础上的。只有让学习者大量接触原汁原味的地道英语,他们才会逐渐输出正确的语言。同样由于课时有限,教师不太可能在口语课堂上呈现过多的视听资料,学生只能利用课外时间自发学习。虽然目前有很多英语类学习 App,学生能借其获得一些英语学习资料,但是这些资料质量、难度不一,学生缺乏辨别力,不知道如何选择适合自己的学习资料。

4.英语文化涉及不深入

语言和文化是密不可分的。文化是语言滋生的土壤,而语言是文化的重要载体。对语言学习者来说,文化是帮助其理解语言知识重要的辅助手段,同时,了解文化能够使学习者加深对语言学习的兴趣。对于一个国家的文化了解不够深入的话,很难正确地理解包含在语言中的文化知识。由于主客观原因,很多中职院校英语教师没有国外留学经历,对英语国家文化知识的理解只是停留在书本层面,对有些文化现象一知半解,向学生讲解时自己都缺乏底气,对学生的影响不够深入。

二、SPOC 混合式教学模式基本概述

1.SPOC 混合式教学模式的内涵

SPOC(Small Private Online Course,小规模限制性在线课程)是

2013年加州大学伯克利分校的阿曼德·福克斯教授提出的理念，旨在弥补MOOC（慕课）辍学率高、教学方式单一、互动效果不佳等方面的不足，将优质MOOC资源本地化或本校化。SPOC面对小规模学习者，同时发挥课堂补充作用，是一种实现线上和线下学习的混合式教学模式。该模式把传统面对面学习方式和在线学习方式有机结合起来，对两种学习方式进行优势互补，既保留传统教学中教师引导、启发和监督的主导作用，又充分调动学生的学习自主性，体现学生的学习主体地位，让学生从被动学习变为主动学习，从而获得最佳的学习效果。目前国内也有越来越多的教育工作者开始探索这种新兴模式并展开教学活动试点。

2.中职英语口语开展SPOC混合式教学模式的优势

首先，建设线上课程，丰富英语口语教学资源，完善课程教学资源库。传统中职英语口语教学资源主要是教材内容陈旧、单一，缺乏吸引力和时效性，并且中职学生英语水平参差不齐，统一的教学资源也无法满足学生个性化学习的需求。通过SPOC课程建设，教师利用海量的网络资源为学生搜索、筛选和及时更新学习资源，制作难度适中、短小精练的微视频，建设与教学内容相匹配的微练习和知识拓展，为学生创造真实口语学习的语境，激发学生学习口语的兴趣和积极性，拓宽学生的知识面和专业视野，有效帮助学生进行语言输入。

其次，开展翻转课堂教学，拓展课堂维度，促进学生积极参与，提高教学效率。传统口语教学普遍存在课时不足、大班授课等问题，在有限的时间里，教师急于传授大量的口语知识，留给学生交流的时间和机会太少，而在教师无法兼顾每个学生的同时，基础薄弱、担心出错、不愿主动开口的同学更是得过且过。SPOC混合式教学模式可以帮助教师解决课堂时间不足、课堂教学难以实现知识内化等问题，实现教与学主体转换，因材施教。学生课前通过线上自主学习语言知识，为参与课堂做好充足准备，课后延续口语训练。教师也能腾出更多时间和精力去进行更高价值的活动，例如讨论答疑、个体辅导等，从而进一步提升教学质量。

最后,实行过程性评价,促进合作学习,科学公正地评估学习质量。传统口语教学中,教师是评价主体,成绩评价主要由期末口语测评和平时考核两部分组成,然而由于教师没有足够的时间和精力去逐个检查学生的平时学习效果,平时考核的内容主要基于学生的出勤情况和课堂活动参与情况,这种终结性评价方式不能全面、准确、真实地反映学生学习的历程和水平提高的程度。SPOC 混合教学模式下,学生在学习平台上进行课前和课后学习,教师通过在线教学平台的数据统计随时了解学生的学习行为投入和学习结果,对不同层次的学生设置不同的学习任务和考核评价体系,更好地激发学生学习口语的积极性。

3.基于 SPOC 的中职英语口语混合式教学模式构建

首先,线上课程要合理设计教学目标。中职英语口语课程是为培养和提高一线技能人才的口头交际能力服务的,其目标是帮助学生在日常生活和涉外业务中能清晰、流畅、准确地进行交谈。

其次,线上课程要有效选择教学内容。考虑到中职学生英语水平不一,教师对于整个课程内容的设计要循序渐进,分模块对知识点进行梳理归纳。在第一模块,针对基础薄弱的学生,教师通过微视频讲解如何正确发音、常见的发音误区以及各种基础语音知识(英语重读、节奏、连读、弱读、不完全爆破、英音和美音的发音区别等),帮助学生做到语音语调正确。在第二模块,内容是与日常生活和社会生活相关的口语话题,所选话题要与中职学生的生活、思想紧密联系,这样学生才能感兴趣并乐于交谈,再把语言知识点设计到各个话题单元中,包括社会文化习俗、交际技能、常用句型、习语和惯用语等。在第三模块,内容为职场英语口语,把职场场景融入口语教学中,培养学生在岗位职场环境下英语的实际应用能力。这样,通过合理选择和组织教学内容,教师实现教学目标。

最后,搭建 SPOC 教学平台,建设混合教学资源库。本研究依托学习通平台开设《英语口语》SPOC 课程。超星学习通是一款基于智能手机、平板电脑等移动终端的移动学习 App。它资源丰富、教学模块完备、社交功能强,为 SPOC 搭建提供了便捷、实用、高效的资源平台。教师在手机端或电脑端创建课程和班级,上传与课堂教学内容相匹配的线上学习资源(课件、微视频、音频、文档、图片等),向学生推送课程通知、作业和测试,根据需要灵活控制课程中每个章节的开放进度和学习模式。教师还可以线上开展签到、主题讨论、投票问卷、班级群聊等形式的师生互动活动,随时监控学生的学习进度,了解学生的学习效果,做出及时评价和反馈。

4. 设计 SPOC 混合式教学过程

(1)课前线上自主学习阶段

课前教师在平台上发布学习任务,推送微课、课件、音视频、网址链接等学习资源,让学生反复观看视听及文字材料,对示范对话达到一定熟练程度,在规定时间内背诵基本句型、掌握语言知识点,以便节约上课时间,增强学生的自信心,减轻其课堂口语表达焦虑。另外,教师还可以补充一些英文影视、TED演讲等资源来激发学生学习英语口语的兴趣,扩大学生的知识面,增强跨文化交际的意识,使学生置身于自然的语言情境中,帮助学生掌握自然纯正的表达。学生还可以通过留言、讨论群与教师和同伴进行互动交流,从而保证线上问题得到及时解答,为课堂教学奠定基础。

(2)课堂线下展示交流阶段

通过课前线上学习和讨论,学生了解了课程中的相关知识点,教师根据平台数据统计掌握了学生的自主学习情况和存在的问题。课堂教学时间,教师首先对课前预习问题做统一分析,展示和点评代表作品,有针对性地讲解重难点,帮助学生进一步内化知识。教师利用课堂面对面教学的优势,组织学生讨论交流,引导学生反复进行口语练习,巩固和拓展所学知识点。英语口语线下学习任务侧重点不同于线上,线上以基本功练习为主,包括跟读、配音、模仿、复述、看图说话、背诵等;而线下的口语练习互动性更强、形式更多样,采用小组的形式进行对话、讨论、游戏、演话剧、演讲、辩论等,开展"以学生为中心、教师为主导"的交互式教学,创造轻松自然的课堂氛围,使更多的学生参与到课堂教学中来,激发学生学习英语口语的兴趣,给予学生更多时间和机会使用语言和提高语言流利度,同时提升学生的思辨能力、沟通协作能力、创新能力,使其更好地适应岗位发展的需求。

(3)课后线上知识巩固阶段

为了让学生巩固所学知识,课后教师可以设立口语练习情境,让学生以团队合作的形式根据情境分角色来进行对话创作和语言运用练习,学生在学习平台上以输入文本和录制音视频的形式提交答案,优秀的作品在班级进行分享。教师批阅时,不要过多更正他们的发音和语法错误,而要支持和鼓励学生发表自己的观点,引导学生有条理地进行表达,增强中职学生的自信心和成就感,从而有效提高学生的口语交际能力。

5.构建完善的评价体系

基于SPOC的混合模式下中职英语口语教学实现了对学习的动态管理,该课程可以采用形成性评价和终结性评价相结合的方式,从线上和线下两个方面来评估学生的英语口语能力和学习情况。线下评价内容主要包括课堂出勤情况、课堂活动参与情况、期末口语测试;线上评价以在线学习平台的学习记录和数据统计为依据,包括学习时间、知识点完成度、作业成绩、测验、讨论等。线上及线下评价体系把学生平时的学习行为和学习结果作为主要考量标准,使学习过程得到重视,帮助学生发现不足,培养良好的学习习惯和自主学习能力,提升学习效率。

总的来说,基于SPOC的中职英语口语混合教学模式弥补了传统教学模式的不足,解决了课堂面授时间有限等问题,借助现代信息技术手段丰富了教学内容和教学方式,教师从课前、课中及课后环节对学生的学习进行及时引导、指导和监控,激发学生学习的主动性和积极性,逐步提高学生的口头表达能力和思维能力,提高教学效率,对中职英语口语课程教学效果的改善起到积极的推进作用。当然,新模式还需要在教学实践中进一步磨合与完善。

三、以微信平台进行混合式英语口语教学

为了让学生享受课上面对面授课,课下自主学习,笔者通过微信公众平台的官方网站申请了一个互动课堂订阅号。为了给学生提供不间断的英语学习平台,让其将零散的课下时间充分利用,笔者通过平台发出邀请,之后全体同学加入。利用微信平台,教师整合并发布相关文字、音频、视频资料,根据教学内容设置适合学生参与的话题和情境活动。首先,学生在规定时间内进行自主学习,实现单元话题预热。其次,在课堂上,根据预热基础上的信息积累,学生在教师的引导下高效地完成课题检测和交际活动,并及时向教师反映学习中所遇到的疑问。课后,学生借助聊天、对讲机等功能同步进行主题的延展性口语活动,进一步巩固主题所学。为了更好地阐释具体的操作步骤,我们以"How to describe a person"为例进行分析。

(一)课前

通过微信公众平台的群发功能,教师发布本话题自主学习任务单,同时推送词汇、句型、音频、视频、文字、图片、背景资料、PPT 学习资料等内容。学生在接收相关资料以后便开始自主学习,为接下来的课堂学习做充足的准备。

How to describe a person 自主学习任务单

1. 学习目标

熟练掌握描述人物的词汇和句型,从而达到在两分钟内流畅且清晰地描述出一个特定人物的目的。

2. 个人学习任务

(1)学习步骤:

①学习教师准备好的图文、音频、视频等学习资料;

②通过对口语主题和学习材料的了解,学生自主练习相关词汇和短语,并利用所给句型扩展本话题相关句子;

③学生自主提升当前阶段特定话题表达应用能力,同时准备进行课

堂检测；

④学生根据自己的实际情况上网查阅资料,积累更多相关素材,完成小组任务。

(2)微信平台学习资源：

①单元PPT；

②单词和短语音频；

③人物图片展示；

④典型案例讲解视频。

3. 小组任务

Describe a person in your group to the whole class in six sentences. The others from the same group have a guess. The more quickly you get the answer, the higher your score will be.

4. 课堂检测内容

Describe a teacher in your childhood.

You should say like this：

Where you met him/her?

What he/she looks like?

What personality he/she has?

And explain how you feel about him/her.

(二)课中

第一步,话题导入。教师利用图片、音频、视频等多媒体手段激发学生学习的兴趣。第二步,答疑解惑。组织学生将各自在学习中所遇到的问题集中谈论和解答,并在答疑解惑中简要指出本单元重、难点。第三步,成果检测和展示。在课堂上,按组进行课堂检测和成果展示,小组在活动完成后进行互评,教师扮演组织者和监督者的角色并全程参与其中,同时对小组的表现及时进行指导和反馈。

How to describe a person 课中教学设计具体步骤：

1. Step One：教师通过播放歌曲 beat it 引出歌曲的原唱,学生根据

所播放歌曲猜出歌手名字并进行简单的描述。（8分钟）

2. Step Two：教师根据学生课前反映的问题集中答疑。学生反馈学习中遇到的问题。（5分钟）

3. Step Three：教师通过PPT展示出课堂检测内容并提出要求，学生根据教师随机抽取的学号按要求在规定时间内进行一对多展示。（10分钟）

4. Step Four：教师通过PPT展示出小组任务并在展示过程中做好记录，小组按所抽的序号轮流进行成果展示。

（三）课后

在本单元课程结束后，教师对学生的本单元学习情况进行总结，教师结合每次微信群里学生的活跃度和学习任务单的完成度进行过程评价，给每个学生建立电子档案并以等级制计入平时成绩；学生通过平台进入反馈界面查看结果。通过微信平台，师生开展及时交流互动，学生根据教师的评价明确自己今后的学习目标，列出本次口语学习中的进步与不足，查漏补缺，并及时完成教师课后的学习任务，按要求及时回复以巩固学习效果。

在中职英语专业口语课程中，通过近一学期微信平台的辅助教学，大部分学生已经养成了自主学习的良好习惯，能够充分利用碎片化的时间随时随地展示自我输出能力，合理建构自己的思想，培养了语言逻辑思维，极大地增强了开口说英语的自信心，大大满足了学习者的个性化需求，同时为其他科目的进一步学习奠定了良好的基础。通过研究者对教学过程持续的监督和有效的总结，要真正实现无缝学习，教师在教学过程中还应注意以下两点：

第一，教师应注意教学过程的各个环节的衔接，在具体教学实践中，口语课程内容的要求应根据学生身体、心理发展特点，根据学生英语水平层次，以学生为中心安排学习任务。

第二，将微信平台运用于教学实施的过程中，班级人数较为固定，教学次数也较为有限，虽然经过一个学期的实践研究，在短期内学生口语表达能力提升明显,但是在长期的教学实践中学生学习兴趣的保持、良好学习效果的巩固仍需要教师时刻监督和引导。

所以,在今后的教学实践中,我们在持续推进基于微信平台下的中职英语口语教学模式的同时,作为信息化时代下的口语教师,我们还应探索更多可行的线上线下、多渠道、多手段、多方式的英语混合式教学模式,在有关部门的全力支持下建立长期有效的监督机制,以期待新的教学模式能在未来中职英语翻转课堂中发挥更稳定、更持久的效用。

第六节　阅读教学

一、传统中职英语阅读课程教学存在的弊端

1.教学手段单一,难以引发学生的兴趣

阅读课程通常的教学方法是,依托教材,要求学生在课堂规定的时间内完成定量的阅读任务,教师讲解语言知识点或文化知识点,学生做练习,教师带领学生进行答案核对和分析,学生进行记录、改错,必要时进行文章翻译,以确保学生理解全部阅读材料的内容。这种教学形式机械,无法调动学生的积极性。

2.教学效果不佳,阅读能力提高较慢

中职学生英语水平参差不齐,相当比例的学生缺乏学习的主动性和自觉性,课堂知识的吸收率和配合教师的程度不理想,导致教学任务完成困难。课堂阅读活动常因学生不理解而不能达到预期效果。学生课下时间仅限于完成作业,阅读量小,阅读水平长期停滞不前。

二、英语阅读课程混合式教学实践

1.教学设计

英语阅读教学着重培养学生快速、准确、有效地获取英语文章中重要信息的能力,目的是强化学生对于英语文章的阅读理解能力,并提高处理相关业务的能力及跨文化交际的能力。广泛阅读英语文章,既可以

培养学生的阅读兴趣,也可以提高学生的阅读能力。

　　教师进行教学设计时,需要明确教学目标,科学安排课前、课中、课后的学习活动,有效结合线上资源和线下活动;利用学校教学云平台辅助课堂教学活动,布置预习问题、上传课程课件及学习资料、网上提交作业、与学生讨论互动;利用企业微信群作为实时交流平台,及时为学生答疑解惑。

　　2.教学内容

　　教师选择近三年出版或再版的教育部规划教材作为基础学习内容。每周课前,教师在教学平台上发布补充资源,主要为《中国日报》《今日中国》等英文报刊中的热点文章,为学生提供最及时的阅读材料。

　　3.教学活动

　　(1)教师引

　　在混合式教学实践中,教师的导演作用更加明显,教师通过精心的教学设计,将线上材料的处理与线下学生学习活动进行串联。教师对学生的阅读行为进行引导,每一段素材应该使用什么样的阅读技巧,应该注意哪些重点问题,利用比较短的时间进行讲解,带领学生在阅读实践中体会。教师通过将中国日报、全英文原版书籍借阅给学生,每周在教学平台发送电子版阅读材料等方式督促学生培养课余阅读的习惯。

　　(2)学生讲

　　教师把线上阅读资源讲解的任务分配给学生,每周通过学生自愿或教师指定的方式,组织学生线下分享阅读过程和体会。学生讲解主要分为单人任务和小组任务。单人任务主要集中于每周短篇幅新闻,小组展示则选择长篇且有一定研究意义的语段。学生的讲解需要合理安排时间,在给定的时长内完成词汇、重点释义、观点感受的汇报,否则会挤占其他线下活动的时间。通过学生的讲解,教师需对篇章难度、学生角度进行分析,不断调整线上材料的选择。

　　(3)师生评

　　传统的课堂,成绩全部由教师评定,且很多语言课程有"一卷定成败"的现象。很多中职学生的英语基础弱,如果以闭卷考试的形式对课程进行评分,他们无法及格。阅读这类重积累的课程,主要还是要对学生的学习过程、投入情况和取得的进步进行记录和评价。在混合式教学实践中,线上任务的线下呈现,可以采取师生共评的方式,请学生对本班同学进行评价,师生评价比例各占 50%。这样可以提高学生责任感和课堂关注程度,学习他人的学习方法和阅读技巧。对他人的评价,也是一种基于专业理解的选择能力,评出最好的,也锻炼了学生今后工作中处理相同场景的能力。

4. 教学评价

教学评价通过过程性考核和终结性考核两种方式进行,学生最终成绩＝过程性考核×50%＋终结性考核×50%。过程性考核主要包括课堂表现和任务成绩。课堂表现主要关注学生的线下活动表现,是否认真阅读、善于思考,是否积极参与课堂讨论,是否有创新性见解、主动发言,是否愿意与同学讨论研究等。

任务成绩包括:

(1)阅读笔记(两次):按照教师布置的阅读任务,自行做笔记,按照笔记的内容、书写、创新程度进行分数评定;

(2)专业词汇测试:按照词汇测试的正确程度评分;

(3)课堂展示:依据 PPT 内容、语音语调、英语表达、小组合作、时间掌握进行评价;

(4)课堂翻译:以个人或小组形式提交书面翻译作品。

任务成绩主要采取线上提交作业,平台打分的方式,学生可以自行查阅到每次任务的分数。

终结性考核形式为笔试,包括专业词汇考核、翻译能力考核、详细阅读能力和快速阅读能力考核。题型主要为单词连线题、选择题、判断正误题、阅读理解题、翻译题等。课程报告主要考核点包括本学期完成的阅读任务,对个人阅读能力的分析,结合一个阅读材料进行观点表述或情感抒发。

5.问题及建议措施

首先,线上线下教学活动的融合程度难以把握。中职学生学习主动性不强,对于教师布置的线上任务关注度不高,不能保证翻转课堂的实施效果。如果线上阅读没有完成,课堂讨论很难进行,混合式教学则无法开展。

建议措施:教师将学生按照学习程度、宿舍居住等情况分成小组,安排英语水平较好的学生作为组长,小组协同完成线上阅读作业。教师在课堂临时指定学生进行发言,检查阅读情况,了解学生对材料的理解程度。教师对于线上任务要进行评价,纳入学生平时的表现成绩,给认真积极的学生以鼓励。

其次,补充阅读材料的挑战性较大。每周补充阅读材料的方式,需要任课教师大量阅读时文,广泛了解国内外时事,依据自身知识水平和学生英语程度进行语料选择。对于外媒的文章,教师更要非常谨慎,一定要细读完整内容,进行准确判断,才能发送给学生进行阅读。

建议措施:成立2~3人课程小组,每周对选定的材料进行集体研读和讨论,避免由于某人主观理解偏差带来的事故。选择官方媒体的报道,比如学习强国、中国日报等。

再次,任课教师的精力投入成倍增加。任课教师不仅要每周寻找最新的阅读材料,还要对内容进行意识形态预判,甄选讲解讨论的要点,保证课堂教学安全。与只讲教材的方式相比,对教师的责任心、知识水平及见识广度、投入课程的时间精力、对教学内容的把握都提出了更高的要求。教师对于课程倾注的心血倍增,个别教师会觉得投入与产出不成比例。

建议措施:学校增加对"金课"的评选,多渠道科学评价教学成效,加深对教学认真努力的教师的认可程度,在职称评定、选优评先中予以优先考虑,帮助教师增强教好课的意愿,全方位提高教学质量。

最后,相较于其他课程,英语阅读的线上资源形式不够丰富,多以文字篇章为主,对学生的引导和科学有效的混合式教学设计变得更为重要。师生在不断探索实践中共同提升,是课程教学的最高境界。

三、混合式英语阅读教学模式

1.导航式阅读教学

学程导航的理论基础是维果茨基的"最近发展区"理论和舒尔曼的"有指导的发现法"。导航式阅读教学以学生的自主学习为中心,以学生的一体化整体阅读活动为主线,围绕学生的"读会"和"会读"组织教学,包括目标设计、自主学习、实践探究、合作交流、成果展示、评价反思六个基本环节。教师按照学生的认知规律和知识内容的内在规律,精心设计子目标、子任务、知识诱因、学法策略、技术应用、场景资源等,为学生提供可选择、有序、有援、有效的学习导航系统,引发学生自主式、自助式学习,优化语言输入、生成和迁移机制。以"Touring with a customer"的阅读课"Travel Arrangements"为例,教师可以设计导航式阅读教学,以强化学生的阅读技能为初衷,把知识学习和技能训练贯穿在"导读—泛读—略读—跳读—细读—辅读—研读"的教学流程中。教师也可以开发VR教学资源,把旅程熟悉、身心体验和语言应用汇聚在一个"知识胶囊"中,让学生以角色植入的方式在虚拟课堂中进行语言练习,在接近真实的场景中习得商务英语知识。

2.驱动式阅读教学

学习驱动力包括内驱力、外驱力和内外合驱力。影响驱动力的因素很多,其中兴趣是最持久的驱动力,成就是最强大的驱动力。驱动中职学生走向智慧学习方法的是 PBL,即 Project-Based Learning(项目教学法)和 Problem-Based Learning(问题教学法)。现代商务活动需要参与者具有审辨—创新思维、人际交往技巧、写作能力、演讲技巧和谈判能力。项目教学法是契合中职学生学习商务英语课程的主要方法,用简单、通俗的话解释"项目"这两个字,"项"是让学生发挥其强项,"目"是让学生明确学习目标。学生领会并真正做到这两点,项目驱动学习就成为可能。以"Entertainment"为例,教师可以通过"头脑风暴"让学生小组自主确定一个学习项目并细化分解成 2～3 个学习任务,如有一个小组确定的学习项目是接待客户,学习任务分为准备接待、接待流程、接待礼仪等。再如,通过项目教学让学生熟悉创业活动的基本流程,培养创业意识。

　　问题是学习过程中新旧知识联结、思维认知聚焦和知识体系建构的载体。智慧涌动的课堂需要 20～40 个问题来贯通、联结。具备较强驱动力的问题是基于明确目标指向的,融角度、梯度、难度、浓度、黏度、深度、广度、跨度、效度于一体的问题池。培育学生的问题意识和思维品质是教学的关键。在平时的教学中,教师可以整体规划问题框架,激发学生产生新思路、新想法。为了呵护学生的“面子”和提高学生的参与度、活跃度,教师可以利用信息化教学平台或微信、App 等的论坛功能,拓宽学生发言、讨论的时空,生成智慧型教学资源。例如,在教学“Meeting at the airport”一课时,教师可以课前在教学平台上发布问题:“Do you know how to pick up the customer at the airport?”在学生充分发表意见的基础上,教师可以提出新问题 :“How can I find the customer in a short time? What gift should I prepare?”这样,教学内容在师生的自由讨论、思维碰撞中走向深入,为知识内化提供有力保障。

　　3.线上线下结合阅读教学

　　线上线下结合阅读教学不仅是网络与课堂教学活动的混合,还是根据布鲁姆认知目标类型,以“各美其美、美美与共”为原则诠释“以人为本、以学为中心”理念,综合考虑各教学要素和辅助条件,重组流程(角色重组、结构重组、模式重组、资源重组),动态化建构“Objective—Contents—Technology(目标—内容—技术)”的 OCT 立体教学模型,设计基于新型学习空间的全场景混合式学习活动:阅读、课堂讲授(知道)、在线交流(领会)、同伴互评(运用)、六项思考帽(分析)、问题解决(综合)、学习反思(评价)。例如,在讲“Establishing business relations”这一课时,教师在“Pre-reading task”环节可以先把自主学习任务单发到教学平台上。任务单包括提出学习目标、分配学习任务、建议学习方式三个部分。教师让学生以自主或合作的方式学习知识、答疑解惑、交流心得，并根据平台所产生的过程数据和生成的学习资源为接下来的线上与线下课堂阅读教学提供更为适切和明确的教学参考依据。

线上线下结合阅读教学较好地弥补了传统课堂形式化、浅表化、碎片化、经验化等问题，拓展了学习时空，将学情分析、学生管理、学习质量建立在数据支持、科学分析的基础上。以混合式教学质量评价为例，利用信息技术可以自动采集、自动分析和可视化来自教学平台的过程数据、课堂教学的录播数据、人工智能识别与匹配数据等，结合教师课堂观察的行为数据和质量评价，教师可实现即时、个体、整体的科学、客观的评价，使个性化和深度教学的发生成为可能。

4. 闯关式阅读教学

闯关式教学吸收了项目学习、混合学习、主体学习等教学方式的精髓，从培养中职学生核心素养的角度出发，在教学平台上开发自主、合作、循环等多形式的闯关模型，以任务单、导学案和微课的形式为学生提供闯关学习的重要支撑，利用智能技术和闯关宝典使学生的闯关学习更加智慧，从而激发学生的好奇心和好胜心。闯关式阅读教学将文本阅读与学习体验链接、阅读技能与思维能力相融通，有利于学生阅读学习。

在实施闯关式阅读教学时，教师要特别重视关卡、情境的设计，以"Business negotiation"为例，教师可以根据商务协商的环节设计"know the outcome, know your position, know your counterpart's position, work out different scenarios, know yourself, back up your position, work out what you can concede, have an exit strategy"等八个关卡，每一个关卡都包括观看微课、记忆词汇、"头脑风暴"、达标阅读、拓展阅读等学习任务。为了提高学生学习任务的完成度，教师要创建具有智慧特性的多模态教学情境，如工作场景、游戏场景、关联情境、交际情境等，尽可能满足学生的学习需求，激发学生的学习热情。学生通过闯关学习完成商务协商的各个环节任务，体现"学习即闯关、闯关即学习"，丰富学习体验，提高学习质效（陈军向，2017）。

总之,中职学校的专业英语阅读教学要重视信息技术与教育教学创新融合的各种可能性,直面中职英语阅读教学存在的问题,深挖技术,有效支撑阅读教学的路径,创新教学方式,从而更好地释放学生的学习动能,培养学生的学习能力,提高学生的英语阅读能力。

第七节　写作教学

一、传统中职英语写作教学中的不足之处

1.教师缺少对写作过程的参与

在传统中职英语写作教学开展的过程中,教师大多将学生的分数作为写作教学的重点,而忽略了写作过程教学对于学生写作能力提升的重要性。再加上教师在学生写作过程中的参与程度相对较低,导致很多学生出现了为了完成写作任务而写作的现象,这种现象的出现不仅对学生英语写作学习热情和积极性的激发造成了严重的影响,同时由于学生始终处于被动接受知识的状态,也不利于课堂气氛的活跃。

2.教师未能重视阅读输入对写作的影响

虽然教师以往在进行中职英语写作教学时,为学生精挑细选了优秀的写作范文,但是范文的数量相对较少,再加上教学资源的极度匮乏,导致教师所提供的很多范文已经与时代发展出现了严重的脱节现象,而这一问题在话题性作文的阅读中尤其明显。比如,教师在写作教学过程中为学生布置了关于"Shared Bicycles"的话题,根据题目要求学生在完成写作任务时,明确地阐述自己赞成还是反对共享单车,虽然大多数学生已经可以很好地掌握议论文公式化的句型,但是很多学生在写作的过程中,却没有将自己对共享单车这一热点话题的观点表述出来,最终导致很多学生的作品都出现了内容思想性不足的现象。

3.作文反馈评价单一,很难明确学生作文水平的进步

写作教学的核心就是作文反馈。由于班级规模与教师教学任务存在一定的差异,导致传统中职英语写作教学出现了作文反馈单一的现

象。这不仅增加了教师批改作文的工作量,同时也不利于学生及时地得到关于自身写作情况的反馈。再加上大多数学生只关心自己的写作分数,而忽略了教师的反馈意见,最终出现了学生写作训练力度不够,英语写作水平无法有效提升的现象。

二、基于混合型教学的英语写作教学模式的构建与实施

1.混合型教学的英语写作教学课前做好准备,消除焦虑情绪

经过调查研究发现,学生在英语写作过程中的写作效能感与交流情绪两者之间存在着反向相关的关系。随着混合型教学模式的推广和应用,教师在写作课堂教学过程中只需要向学生讲解单词、词组、句型、结构等基础知识即可,然后在课后利用微信平台引导和帮助学生查找适合写作要求的资源,确保学生做好写作前的材料准备工作。比如,教师可以将与写作主题、背景相关的知识或者材料发布于微信公众号或者微信群等信息化网络平台,然后利用英文范文或者相关音频、视频及时补充写作主题,为学生营造真实的语言环境,帮助学生充分了解所要写作的内容,使学生感受到学习英语的乐趣。学生在这一过程中完成了与写作主题相关的知识储备,不仅有助于其写作信心的提高,消除写作焦虑情绪,同时也为其写作能力的提升奠定了坚实的基础。

2.混合型教学的英语写作教学利用网络资源,提升写作水平

学生在进入写作阶段后,可以充分利用网络即时地解决自己在写作过程中出现的问题。比如,利用 Word 程序中的"拼写与语法"功能就可以及时地发现和纠正文章中拼写、语法、句法等各方面出现的错误。利用微信平台链接的网络资料库就可以及时地检查写作过程中词语表达的准确性。教师则可以利用微信平台全面地监控、指导学生完成写作,同时针对学生在写作过程中出现的问题及时予以纠正,达到促进学生写作能力与写作质量不断提升的目的。

3.混合型教学的英语写作教学开展学生互评,重视替代经验

在中职英语写作教学过程中,教师必须引导学生在看到与自身水平

相当的人获得学习上的成功时,相信自己通过努力也必然可以达到同等的水平,从而在其内心形成动力,达到促进学生写作自信心与能力稳步提升的目的。比如,学生在英语写作学习过程中,利用微信平台发现与自己水平相当的同学,经过努力后写出了非常精彩的文章,在其内心就会产生一种只要自己努力也可以达到这样的水平的激励心理。同时利用微信平台,教师可以及时地对学生写作进行点评,针对学生在写作过程中的文章结构、段落连贯性、词汇、句型的使用方法等进行全面的点评,不仅有助于学生及时发现自己在写作过程中存在的问题,避免类似问题的再次出现,促进其写作水平的逐步提升,同时也使学生切身地感受到了成功带来的喜悦。另外,学生写作效能感的不断提升,也使其为了实现更高的目标,而在英语写作过程中付出更多的努力,为中职英语写作教学效率与质量的提升奠定了坚实的基础。

所以,充分发挥混合型教学方法的优势,将中职英语写作网络教学与传统课堂教学紧密地结合在一起,不仅有助于学生在写作教学各个阶段主动性的增强,减轻了学生在写作过程中出现的焦虑情绪,同时对于学生在实际写作过程中的自我效能感的提升也有着极为重要的促进作用,为中职英语写作教学改革的顺利进行奠定了良好的基础。

三、进行混合式英语写作教学时需要注意的问题

1.更新理念,线上和线下教学有效结合

可以借助超星学习通平台建立在线网课,建立辅助教学的 QQ 群或微信群,把大量的电子资源运用到教学之中。因教学时间限制,很多内容无法在线下课堂展开,教师可以指导学生有效地利用线上平台的优势,在线上向学生分享大量写作范文、优美句式、常用写作词汇及表达法总结,并结合学生参加相应考试的需求,给予相应辅导。这种形式更新颖灵活,不受时间、空间限制,能及时高效地解答学生们的疑问,进行集中或个别指导,从而提高教学效果,提升学生的写作水平。教师还可以指导学生利用现代科技及网络的优势,在优秀的英语学习网站、平台上

进行自学。

2. 以学生为本,结合实际生活进行写作

学生总是对网络上各种新闻及热点感到好奇,并喜欢联系自身实际生活。教师可以尝试将这一特点融入教学内容中,引导学生合理使用网络资源,并借助多媒体设备,创设恰当情境,不断尝试丰富英语写作课堂的教学形式,以吸引学生的注意力,激发学生们用英语写作的积极性。鼓励学生们积极参与。比如撰写英语邀请信及请柬部分,可以结合某同学生日会或亲戚朋友的婚礼展开;撰写英语通知,可以结合系里安排的会议或集体活动进行;撰写英语海报,可结合周末各个社团组织的活动展开。短文写作选择近期社会新闻或热点问题,或学习生活中遇到的种种现象,让大家先讨论,再结合写作的理论与方法,力求用英语清晰准确地表达自己的观点。这样,课堂内容突破传统意义的课堂,不再是空洞枯燥的知识灌输,而是生动真实的实践应用。

3. 夯实基础,注重词句及素材积累

学好英语的重要基础是掌握一定的词汇量,有研究表明,英语词汇量的多少直接影响着阅读能力以及写作能力的高低,就像建筑摩天大楼时,必须有充足的砖石钢筋。在写作教学过程中,词汇、句式教学是一个重要环节,往往安排在教材的第一、二章节,并且一直贯穿写作学习的全过程。笔者在教学中职英语词语这一章时,让学生先熟悉字词,了解和比较词汇的内涵及不同扩展、感情色彩、使用语境;推荐学生们下载剑桥词典、有道词典等实用软件,遇到不认识的单词随时查阅字典,掌握单词的基本意思及扩展用法,结合网络推荐一些相关学习资源,通过大量例句及语境学习单词不同词性、变形以及具体用法。学习句型时,笔者要求学生们首先要保证句子基本结构完整,注意主谓一致、动词时态变化及词性准确,避免常见的语法错误,在此基础上重点练习强调句、倒装句、排比句、平行结构等一些特殊句式来增强表达力;笔者提醒学生还要注意长短句交替运用,保证行文流畅,而不是一味追求复杂的句型。在学习短文写作时,笔者要求学生们先熟读范文,然后再讲解重难点,引导学生结合范文进行词汇、句型积累,再扩展到段落展开、谋篇布局,再结合一些写作模板,进行仿写训练。笔者在教学中倡导学生在早读时,大声朗读精选范文、优美句式及常用词汇和表达法,这样不但可以扩大学生的词汇量,培养写作思维、表达能力,还可以有效提高学生的口语,一举多得。

4. 科学训练,循序渐进中不断提高

对很多学生来说,英语写作的困难之一是不善于观察和思考,写作时无话可说。教师可以引导学生在平时细心观察,遇事情多思考,逐渐形成自己的观点,并做循序渐进的训练,逐步提高写作水平;可以给这些学生们制订训练计划,指导他们通过日常随笔的形式,将一天生活学习的感受记录下来,遇到的新奇的事情或者是当天做的有意义的事情,这些都是写作中可以用到的素材;可以引导学生把当天读到的短文中感悟比较深的句子记录下来,这对之后的写作都会有帮助。对于愿意分享自己练笔的同学,教师要及时给予写作建议,以帮助学生提高写作能力,培养学生的创新思维。经过一段时间的训练之后,学生的积累会越来越多,而且写作内容也会愈发丰富,从而不再无话可说,写作能力也有所提高。对于抽象的知识点也可以在教学中加以渗透,培养学生的兴趣。

在写作训练过程中,教师要注意学生的心理变化,不要施加过大的压力。不同的学生有性格差异、理解能力差异等,教师要有足够的耐心,不要指责学生,要善于运用鼓励教学法,给予学生充分的尊重,多倾听学生的想法。由于学生存在个体差异及写作能力的差异,教师要根据学生不同的能力为学生制订不同的训练计划。这个过程中不能要求学生速成,学生要慢慢进步,在逐步积累中成长。比如在短文写作的训练中,可以结合学过的课文,让学生练习写总结,熟练掌握和应用原文中的新词汇和精彩句式。此外,还可以兼顾提高学生的应试写作能力,教师为学生列出试题的相关题目,让学生展开训练,学会表达个人观点,提高其应试能力。

此外,笔者建议引导学生学习查阅网络资源,借助各类英语学习网站、权威平台公众号及应用软件,学习最新的优秀文章并不断积累大词汇量及常用句型,培养学生读写结合、勤于思考、积累和练笔的习惯,将学到的词汇知识以及句式运用到自己的写作中去,达到举一反三的效果。

5.勤于反思,专业学习与思政教育水乳交融

在中职英语写作教学中,教师不仅要反思自己的教学模式,也要引导学生在学习写作的过程中不断地思考与总结,实现写有所思。教师身为学生的引导者、帮助者、促进者,需要训练学生的思维方式,融入思政教育内容,让学生在写作中学会思考,在不断思考下完成写作,从而达到"润物细无声"的理想教学效果。"授之以鱼,不如授之以渔",学生自己学会思考,形成自己的思维体系,树立积极正向的思维观念,比教师灌输一系列写作技巧更重要。教师可以组织学生们以校园生活或新闻热点为主题,先进行讨论、脑力激荡,再写出一篇议论文。教师在此过程中可以穿插思政教育,引导学生树立正确的人生观、世界观、价值观,让学生的观点更客观、完善,再尝试用英语来表达。这不仅有利于提高写作能力,还可以让学生形成自己看待和处理问题的逻辑,对培养他们的爱国主义精神、思辨能力也很有帮助。

总之,在中职英语写作教学过程中,教师不应局限于教材和传统课堂,而是要拓宽思路,充分发挥线上线下混合式教学的优势,从学生的知识储备出发去引导、帮助学生,展开多样化的教学。通过丰富教学形式,教师对学生进行多方面的写作训练,在不断训练的过程中提升其观察力、思维能力以及写作技巧,最终提高英语写作能力、英语综合运用能力及解决实际问题的能力。教师还要尊重学生的个性特征及思维方式,教导学生善于思考,培养学生积极乐观、爱国敬业的精神,使他们成为合格人才,为社会和国家发展发光发热。

第四章 中职英语混合式教学的常见应用平台和课堂形式

第一节 超星泛雅＋学习通平台

超星泛雅是一个综合性网络教学平台,教师可以在平台上建课、建班,可以录制知识点小视频来给学生进行重点难点分析,也可以利用网络资源丰富课程内容,可以对学生进行远程管理,实现网络教学。"超星泛雅"还有直播平台,教师可以通过直播,更好地跟学生进行互动,也有助于重点知识点的阐述。超星泛雅平台同时还配有手机客户端"学习通",学生即使没有电脑,也可以随时参与教师布置的各项活动;教师还可以在手机端查看学生学习情况,实现随时监控。英语学习需要大量听、说、读、写练习,超星泛雅＋学习通平台可以满足学生看视频、听音频、阅读文章、完成口语练习和书面练习等各种需求,因此中职公共英语教师通过超星泛雅＋学习通平台,可以有效地进行"线上＋线下"教学,有助于提高中职公共英语教学效率。

一、中职英语课堂混合式教学模式的阶段设计

1. 课前准备

教师要在课前根据课程标准、教学计划和教学内容建好课程章节目录,上传音频、视频等材料,PPT 课件以及其他各种相关学习资料;设计好讨论话题、随堂检测、课后作业等,并及时上传到超星泛雅平台。PPT课件、音视频及其他材料教师可以使用教材配套资料,也可以自己录制知识点小视频,还可以利用网络资源下载并上传一些与课程相关的拓展资料。教师要认真思考、深入研究学生的个性化需求,做到资源多样化,以满足不同学生的不同需求。教师要给学生布置学习任务,对任务的难

度要进行灵活的选择和设置,以满足不同层次、不同学生的需求,以激发学生对英语的学习兴趣和学习积极性。

学生要在课前预习完成教师上传的各项学习资料,并收集整理相关重点难点的问题,以便课中和教师交流探讨,更好地消化吸收章节知识点。学生以小组为单位围绕学习内容进行交流学习,在相互帮助和引导下完成教师所布置的学习任务,并做成项目成果以备课堂展示。成果形式可以多样化,例如情景模拟、辩论、课堂汇报、课件展示、视频汇报、研究报告等。

2.课中教学

在课堂教学中,教师要改变以往滔滔不绝地传授知识的方式,转换自身地位,从课堂教学主导者转为引导者、组织者,教师要充分发挥学生在课堂上的主体作用。英语学习需要学生对所学内容不断地进行练习。教师可以通过课前的学习任务,让学生展示项目成果,比如朗读、背诵、对话、演情景小品等,并让学生相互点评,教师再进行总结;让学生提出课前学习中遇到的诸如词汇、语法、翻译、写作等问题,并让其他同学先进行回答,最后教师再进行总结。

梳理完所有知识点之后,教师可以通过学习通平台发放随堂检测,让学生当堂完成。在学生完成随堂检测后,教师通过查看部分同学的检测结果,对错误较多的题目进行知识点讲解,以起到巩固作用。最后教师在学习通平台上发布课后作业,通过作业再次检测学生对知识点的掌握情况。

3.课后任务

课后任务是检验学生学习效果的重要途径。学生要在规定时间内在学习通平台上完成教师布置的诸如朗读、讨论、词汇测试、阅读测试、写作练习等课后任务。教师也要及时批改学生的作业并对学生作业进行点评,可以在批改作业的同时,再次强调学生没掌握的知识点,帮助学生做到对知识点的消化吸收、深化巩固。

此外,课后教师跟学生要通过共同反思的方式来总结混合式课堂教学模式实践过程中存在的问题与不足,对于课前、课中的任务模式进行分析总结,并对教学实践活动进行改进,以优化中职公共英语混合式课堂教学质量。

4. 自主学习的监督与评价

混合式教学模式下,教师要加强对学生自主学习的监督和评价,不能放任学生自主学习而不管,超星泛雅＋学习通平台有完善的统计功能,可进行课堂报告、学情统计、成绩统计等数据管理,帮助教师及时了解学生自主学习情况,也可以通过数据向学生反馈其课程学习情况,通过不断的反馈,调动学生学习英语的积极性,以提高学生的学习效率。

5. 课堂报告

课堂报告包括签到情况和课堂表现两部分内容。签到情况可以看到每位同学每次签到的时间,也可看到未签到学生名单。这项功能可及时反映学生是否在规定时间上线进行自主学习。教师可通过手势、位置或二维码的方式,定时发放签到,签到还可设置一定时长,具有一定的灵活性。教师可提前设置,定时发放,学生只要在规定时间内完成签到即可。课堂表现功能使教师可以根据学生讨论、问卷、抢答、回答问题等及时反馈学生课堂表现,给予加分或扣分。分数的及时性可以促进学生积极表现,部分英语基础较差、性格内向、胆子较小的学生,线下课堂教学时不能积极参与教师布置的活动,而线上也会主动参与到各项课堂活动中来。

6. 学情统计

宏观统计每个班级所有同学的签到、作业、章节学习次数以及章节视频学习情况。这里的签到只统计每位同学签到的总次数。作业统计各班每次作业应交、实交人数及平均分。章节学习次数通过线状图统计每月每日学生章节学习次数。章节视频统计每班同学章节学习完成率,详情包括每个视频的完成人数;网页版任务点统计可以具体到每位同学每个视频的学习情况,包括观看总时长、完成时间及反刍比,可以帮助教师更好地了解每位学生的自主学习情况。

7. 成绩统计

成绩统计可清晰反映每班同学的积分情况,包括每位学生的分数、平均分以及分数段。学生成绩排名可按学号先后排序、按分数升序或降序排名,方便教师查看学生学习成绩。每位学生的成绩得分分布可具体到签到、作业、任务点学习、课堂互动、讨论等每个栏目的具体分数,方便教师具体了解学生的积分情况,有助于提醒学生及时补差。教师可在网页版的成绩管理栏目中根据需要设置栏目权重,其中包括作业、课堂互动、签到、课程音视频、章节测验、PBL、章节学习次数、讨论、阅读、直播、考试以及线下活动。成绩统计可以全范围反映学生自主学习的情况,教师也可直接将学生的课程积分作为学生的平时成绩,用数据说话,避免争端。

8. 时间控制

任务点和作业发放任务点和作业的发放都可以设置时间,这项功能有助于提高学生的学习效率。多数中职学生学习英语的主动性欠缺,喜欢拖拉,由于任务点学习及作业有规定时间,学生不得不按时完成,这对提高学生学习时效性有很大帮助。部分平时好拖拉的学生为了能多得课程积分,都会按时完成任务。因此,教师在任务点和作业发放时应设置时间,而且时间不应过长。

综上所述,中职公共英语教师依托超星泛雅+学习通平台,可以较好地实现中职公共英语的混合式教学。通过线上学习,中职学生学习公共英语的积极性和学习效率也得到了很大的提高。但是中职公共英语教师还需在视频录制、资源寻找、学生监督等方面多做努力,力求更好地实现中职公共英语的混合式教学。

二、超星泛雅平台的应用案例

以中职修订版《英语》(基础模块)第二册教材中的"Unit 5 Travel Plan"第一部分"listening & speaking"作为教学案例,对超星泛雅平台下的中职混合式教学在中职英语课堂中的应用进行分析和研究。

1.基于超星泛雅＋学习通平台的课前预习

教师课前一周在平台上发布教材单元课件教学内容,并推送与新课内容相关的视频、微课、学习任务单等教学资源,让学生明确本单元的教学目标和学习任务。本课时包括"listening"和"speaking"两个部分,主要内容是围绕本单元学习重点和难点进行。教师在下一课时之前通过平台将第一课时"listening & speaking"的学习资料和学习任务,包括调查问卷、背景知识、学习任务单等,通过文本、视频、微课形式上传到平台,学生在指定时间内完成预习任务,并提出相关问题在平台上讨论。教师可以通过后台数据统计监测每位学生的课前预习情况,也可以了解学生的学习兴趣以及对新课内容的掌握情况,判断学习的难点和学生的薄弱点,在下一阶段即课中教学互动阶段进行详细讨论和重点讲解,使课堂教学更有针对性。

2.基于超星泛雅＋学习通平台的课堂教学

通过播放视频以及平台的问卷调查引入本课主题,让学生利用手机参与活动,课堂活动内容和学生参与活动数据直观明了,学习内容的重难点突出。通过平台投屏功能,教师展示各小组的单词学习单,讲解学习单的单词。利用平台的倒计时和抢答功能,师生共同完成单词填空的游戏。游戏结束后,全班学生一起朗读学习单上的单词。游戏和合诵的方式可以帮助学生充分记忆,掌握本课所需记忆的生词,提高学生的学习兴趣,为学习对话内容做好准备。利用微课形式将课本内容"Travel Plan"变成生动的动画,教学过程中学生以小组为学习单位,每位成员都有表达的机会,并能与同伴进行交流,学生的英语技能得到锻炼,如听的训练、说的训练、问的训练。以任务、游戏为驱动,将本课重难点内容融汇于任务中,学生在完成任务、做游戏的过程中解决本节课的重难点。针对学生预习中遇到的问题,教师可以直接讲解,也可采用全班集体讨论的方式,共同思考,分析问题,解决问题。教师还可以利用平台的倒计时功能,要求学生在规定的时间内分组完成旅行计划的思维导图,在线上传完成的任务。教师展示各个小组的作品并进行点评,选出优胜者予以加分表扬并发放奖品。最后,学生在规定的时间内在线完成本节课相关知识测验,并上传测验结果。教师检查同学们的测验结果,进一步了解学生的课堂掌握情况。

3.基于超星泛雅+学习通平台的课后作业布置与评价

由于学生的英语水平不同,语言运用能力也有所差异,教师要改变作业布置模式,利用平台作业布置功能给学生定制个性化练习资料,根据课堂小测的结果为不同学生打造差异化的练习资料。比如,有的学生单词和句子掌握得不理想,教师可以为这些学生定制一份单词和句型的练习;有的学生对课文中出现的语法点比较陌生,教师可以为这些学生定制语法练习题;有的学生口语表达较弱,就布置一些口语练习任务。同时,教师还可以制作一套供全体同学完成的全面的英语课后练习题,如本课面向全体学生的作业是为家人制订一份旅行计划,包含书面形式和口头表达形式,然后将作业发到平台的作业栏中,学生可以自主安排时间完成作答任务。学生还可以利用平台直播的功能,将已写好的"Travel Plan"拍照上传,并运用所学的单词和句型介绍自己的旅行计划。

教师可以在平台上直接批改、评价作业,学生在手机端上可以及时得到作业评价结果反馈并订正。学生通过选票功能投票选择本次优秀作业,教师对优秀作业给予加分奖励,对学生学习成果加以肯定。通过这种展示、比赛的形式能够大大增加学生的学习乐趣和动力,提高学生的学习成就感。

教师可以在电脑端进入平台的统计界面查看学生的出勤、作业、课堂活动等学习过程数据,对学生进行学习评价。教师从多个角度如预习情况、作业提交、课堂互动、测验等对学生的英语学习进行评价,评价主体一般可以分为学生自评、学生互评、教师评价等。评价方式可以分为在线评价和课堂评价。教师利用平台导出学生学习这门课程中形成的过程性数据,包含学生线上预习情况记录、课堂互动与展示、测验成绩及课后作业完成情况以及相关数据分析,能清楚地了解每一位学生的学习轨迹和学习结果。这些数据为学生的形成性评价提供了依据。

4.教学效果分析

本研究的教学评价分为学生的量化考核成绩和课程满意度调查两方面。量化考核成绩＝平时表现成绩（50％）＋课程考试成绩（50％），对选定的实验班 56 人线下教学和混合式教学的平时表现成绩、课程考试成绩进行比较，实验前学生的平均考核成绩为 65.21，实验后为 73.42；实验前全班的考试合格率为 80.36％，实验后为 91.08％；实验前全班高分段（90～100 分）比例为 3.57％，实验后为 12.5％。可见，混合式教学实验全面提升了学生的学习成绩。实验前和实验后分别对学生进行线下课堂和混合式教学结合的课堂满意度调查，根据调查报告的汇总结果统计，实验后学生的总体满意度为 92.85％，高于实验前学生的总体满意度 71.42％。结果表明，学生对混合式教学有较高的认可度，反映了混合式教学模式在提高学生自主学习能力和学习兴趣方面起到了较突出的作用。

英语课堂混合式教学模式的教学实践表明，学生在线资源利用率提高，学生自我学习能力提升，作业布置更有针对性，评价方式更为多元化，平台各功能充分调动学生线上线下学习英语的积极性，教学过程充分体现了学生的主体性和教师的主导作用。相对于传统的英语课堂教学，混合式教学模式使学生的学习目标和任务更加明确，学生学习的自主性和积极性也不断提高，课堂上师生互动频繁，教师多渠道深入了解学生的学习过程。从实验结果和满意度调查看，混合式教学模式得到大多数学生的认可，反映了混合式教学的优势。

第二节　蓝墨云班课

蓝墨云班课是一个可以提供完整课堂教学大数据的云教中职学习平台，也是一个已经拥有初步人工智能的云教学平台，它的口号是"让教学轻松一点，有趣一点"。在蓝墨云班课平台上，教师创建班课，学生获取邀请码加入班课，教师通过管理学生、发布资源、课堂提问、布置作业任务、组织讨论答疑等形式进行教学互动,学生通过资源学习、投票问卷、头脑风暴、在线交流、互评作业等活动参与教学互动。通过人工智能技术,蓝墨云班课对学生的学习全过程进行实时监控,自动汇总每位学生的学习表现,随时诊断教与学过程中的问题,帮助教师及时改进教学,进而达到教与学的最佳效果。总之,蓝墨云班课为混合式教学提供了多样化的平台支持,使教学组织更加系统化,提高了学生的课堂参与度,增强了师生间的互动交流。

一、蓝墨云班课的常见教学流程

1.课前自学

课前,教师事先进行教学设计,通过发布资源(PPT、音视频、文本、图片、网络链接等)、设置问题、开展头脑风暴等活动创设情景,激发学生学习兴趣,引导学生自主学习。自学过程中,学生遇到问题可以借助蓝墨云班课进行讨论,教师根据学生提出的问题再确定下一步的教学目标,设计教学内容,为课堂教学有效开展做好准备。因此,课前学习不再是学生盲目的预习,而是在教师监督下的自主学习,能够逐渐提升学生的自主学习能力。

2.课堂教学

课堂上,教师将教学内容聚焦在重难点讲解和讨论上。教师通过课堂提问、分组讨论、知识讲解等形式,使教学目标更明确,从而解决教学目标与实际教学脱节的问题;通过小组合作、讨论交流、成果分享、归纳总结等教学活动,促进学生个性发展,提升学生合作能力。

3.线下答疑

课后,教师通过知识点测试和作业任务,增加学生练习机会,以巩固和拓展所学内容;通过线下答疑、问卷调查、作业批改、学习评价与总结等活动,准确掌握教学问题,进行课后反思,对后续教学进行调整和改进。蓝墨云班课根据学生的学习数据进行智能分析,为教师提供教学报告,帮助教师及时诊断教学。

此外,教师借助蓝墨云班课对学生的出勤、课堂表现、学习过程表现等进行有效管理,以数字化形式进行记录,便于汇总过程性评价和终结性评价结果。教师还可以根据已创建的课程资源、作业任务、活动等发布课程包,方便同行教师参考和借鉴。

二、蓝墨云班课的应用案例

将蓝墨云班课和英语线上线下混合式教学模式融合,它可以实现不同教学模式优势的整合。为此,针对蓝墨云班课和该教学模式的融合实践,下面以"Travel"一课为例,提出四点建议。

1.英语教学内容的灵活设置

中职英语教学内容的设置,应用线上线下混合教学模式,以保证灵活性。开始上课之前利用蓝墨云班课提前发布学习任务,可以了解学生预习状况。开始线上教学后,按照学生课下预习情况调整教学任务安排,确保线上教学时间能够有效利用。为此,针对"Travel"一课教学内容的设置提出两点建议:第一,教师在选择教学内容时,调整本课朗读类任务的时间,利用蓝墨云班课提交作业,可以将课堂上朗读检查的时间缩短,节省更多时间用在学生英语技能以及基础知识掌握上。学生在线下提前预习,朗读课文,并且录制朗读的音频上传到蓝墨云班课中,不仅可以使所有学生都能够参与其中,又保证了英语教学的效果。第二,为学生布置多样化作业。采用线上线下混合式教学模式,不仅要布置手写作业,也可以通过该平台中的头脑风暴功能,以"Travel"为主题布置课下写作任务。该软件具有自动分组的功能,所有学生以小组为单位提交一份作业即可。作业被上传到蓝墨云班课平台上后,学生可以了解到其他小组作业完成度。传统线下教学仅支持课堂上完成各项任务,但是线上与线下结合便可以利用蓝墨云班课平台完成教学任务,有效提升了英语教学效率。

2.蓝墨云班课与英语教材结合

中职英语教学的创新,实现了线上、线下两种教学模式的结合,其中线上音频与视频等资源比较丰富,教师在互联网中采集"Travel"相关的课外资料,上传到蓝墨云班课平台上,帮助学生了解英语文化与课外知识点。为了保障学生对英语学习的积极性,教师利用蓝墨云班课平台每日推送一些课外内容,调动学生对英语文化的兴趣,补充课外知识。例如,教师组织学生分享自己之前的旅游经历,要求用英文的形式加以阐述。学生在口述过程中需要运用到本课的词汇、语法等,如 seaside(海边)、famous tourist attractions(著名旅游胜地)、spend one's holidays(度假)、travel abroad(出国度假)等。学生对旅游这一话题有非常高的兴趣,教师可以抓住这一点,通过蓝墨云班课的投票功能,选出学生最感兴趣的旅游地点,在线介绍这一旅游地点的资料,让学生加以了解后布置课下作业,完成主题写作。如此一来,学生在线下自己收集一些资料,结合英语教材将自己的作业上传到蓝墨云班课平台上,由教师进行批改。这既实现了蓝墨云班课和英语教材的结合,加强英语教学趣味性,又可以体现出线上线下混合式教学模式的优势,帮助学生巩固英语基础知识。

3. 蓝墨云班课调动学生学习主动性

蓝墨云班课是中职教学中比较常见的线上教学软件,教师设置不同的教学任务,每一项教学任务均有对应的经验值,当学生完成一项任务之后,经验值便会积累到自己的账号中,且经验值与教学评价有非常密切的关系。站在学生角度,为了积累经验值会更加积极地参与教师布置的任务。"Travel"一课的教学,教师采用"线上+线下"混合教学模式,其中线下教学环节,设置口语表述、答疑等,采用蓝墨云班课作为辅助手段进行线上线下混合教学。教师布置这一课的学习任务,分为"listening & speaking""reading""grammar""watching & performing""writing"五个部分,教师根据本课内容提出问题:"How long has the author stayed in China?""How did the author feel after meeting Mary?"采用蓝墨云班课中的"摇一摇随机选人""抢答"功能,随机选择学生回答问题。这种全新的课堂教学模式,会吸引学生注意力,使学生集中注意力,更加认真地阅读教材回答问题,完成教师布置的任务后积累经验值,由此体现出蓝墨云班课在线上线下混合式教学模式中的作用。

4.发挥蓝墨云班课智能优势优化英语教学

传统线下教学中,教师在课堂上各个教学环节之间如果衔接不够紧密,或者前期铺垫不够扎实,必然会影响英语教学的效果。当前中职英语教学采用线上线下混合式教学模式,线上教学软件采用蓝墨云班课平台,该平台具有智能优势,将其当作英语线上线下教学的辅助工具,可以在平台中随时了解每一名学生的学习进度。例如"Travel"这一课的教学,教师通过蓝墨云班课平台了解到本学期英语教学中,学生的线上签到次数为 20 次,平均出勤率为 95%,蓝墨云班课平台中布置课后作业次数为 25 次,所有学生提交作业次数为 812 次,总计提交数量 915 份。所有提交作业中评定成绩"优秀"的占比为 18%,"良好"的占比为 60%,"不及格"的占比为 22%。由此可总结出在作业布置环节,教师还需要对中等成绩的学生加强关注与监督。

所以,中职英语改革、创新已经十分深入,表现为在传统教学模式基础上应用新型教学手段,例如线上线下混合式教学模式。线上教学将蓝墨云班课平台作为辅助工具,与线下教学紧密结合,可以对学生查询资料、出勤、教师布置任务完成情况等加以统计,通过积累经验值的对比自动绘制分布图,教师可以了解不同学生的优缺点,进而调整英语"线上＋线下"教学方案,培养出英语核心素养高的人才。

三、蓝墨云班课的小技巧

1.平台先进,发布资料便捷

在准备《新模式英语》第 5 单元第 4 课"Leave Phone Messages"(电话留言)的时候,教师通过网络搜索,在视频网站上挑选了一段主题为"打电话"的视频,用于学生的课前自学。教师只需要在视频客户端复制视频的链接,然后在蓝墨云班课的资源界面粘贴,就可以及时向全班学生发布视频学习资料。整个过程在手机端就可以顺利完成,非常便捷。

除了发布网页链接类的学习资料,蓝墨云班课还可以发布微课、PPT、习题等常用的学习资料,为翻转课堂的课前自学环节提供了便利条件。

2.功能强大,反馈信息及时

在翻转课堂的实施过程中,课前的自主学习非常重要,它为课堂活动的顺利开展提供了保障。教师把学习资料发布给学生以后,检测学生的自主学习情况就成了一个重点环节,而这一环节必须在课前完成,因为教师需要根据学生的学习反馈,及时调整自己设计的课堂活动,以期学习内容的针对性更强,学生的收获更大。

蓝墨云班课强大的分析和统计功能为教师掌握学生的学习情况提供了保障。教师可以针对发布的学习资料,要求学生在自主学习后完成相关习题,并及时提交,蓝墨云班课会自动统计出学生的习题完成情况,比如学生在自主学习视频"打电话"以后完成的习题情况,还可以展示学生的得分以及完成习题所使用的时间,还可以显示全班在小测中的整体情况,包括分数的分布情况、全班平均分、完成习题平均需要的时间等信息。同时,还可以显示每一道题的得分率。教师在得到这些数据以后,根据学生的易错点,可以在课堂上设置抢答题环节,让学生对易错点反复练习,最后达到牢记知识点的目的,为课堂的后续环节做好准备。

值得一提的是,蓝墨云班课的习题统计功能不仅可以用在翻转课堂的课前学习,任课教师还可以根据授课内容的特点灵活地在课堂或者课后使用。比如有的课程需要学生完成大量的习题,学生对课堂内容的热情不高,兴趣不浓。如果教师不定时在课堂上对讲解的内容进行随堂测试,测试成绩纳入总评成绩,增加学生听课的压力,这样学生的注意力会得到很大的提高。

3.趣味浓厚,学习兴趣提高

随着课改的深入,"满堂灌"的教学模式早已不能满足当今形势的要求,教师在课堂上的角色也发生了变化。过去,教师在课堂上是站在"知识点"和"学生"之间,教师主要思考的问题是如何把知识点讲得清晰透彻。如今,教师在课堂上不仅要把知识点讲清楚,还担当起了"设计师"的角色。教师需要在课堂上设计各种活动,让学生"动"起来。学生通过完成各种活动,把"知识点"加以应用,最终达到掌握知识点的目的。蓝墨云班课常用的教学活动,包括小组讨论、问卷调查、测试等。在小组讨论的时候,教师可以根据讨论内容的特点,随机选择组员或者直接选定组员,增加了课堂讨论形式的多样性。问卷调查则可用于课堂评价,全班可以进行匿名投票,选出本堂课表现最佳的组员或者小组,提高了学生在课堂上的主人翁意识。测试活动不仅可以用于课内,也可用于课外,这一功能有效地帮助教师实现了英语的"混合式教学"。

此外,蓝墨云班课还有手势签到功能,这个功能在课堂上能对学生进行有效的热身训练,把学生的注意力快速地吸引到课堂上。另外还有"摇一摇"功能,被摇中的学生头像可以同时出现在教室的大屏幕上,由该生回答教师提出的问题。蓝墨云班课这些功能不但可以延长学生集中注意力的时间,还可以提高学生学习的兴趣。

4.完美收工,统计成绩快速

在蓝墨云班课的平台上,每个学生都有对应的经验值,这些经验值代表了学生平时的学习情况。学生参加的每一项学习活动都会获得相应的经验值,例如出勤、课堂发言、参与小组讨论、参加测试等。在蓝墨云班课的"导出/报表"模块,教师通过两个步骤,就可以快捷轻松地对学生的成绩进行统计。

第一步:蓝墨云班课教学的收尾。在进行成绩汇总前,教师必须做的事情是把蓝墨云班课教学收尾,告知学生过程性评价的各项学习得分所占的比重,比如视频学习、测试、课堂发言等,明确评价的标准,向学生说明经验值最高的学生未必过程性评价成绩高;同时,到了截止时间,关闭所有班课活动,没有关闭的活动会没有数据,比如答疑讨论活动。

第二步:在蓝墨云班课"导出/报告"模块,导出数据。蓝墨云班课拥有强大的分析和统计功能,教师只需登录蓝墨云班课的"导出/报告"模块,点击"班课汇总/明细数据"的"前往导出"按钮,就会出现资源、活动、签到、成员四个类别。选择需要统计的项目,点击"导出汇总数据",得到的"汇总数据表"可用于过程性评价成绩的计算;点击"导出汇总明细",得到的数据则可用于数据的备案和教学研究。教师可以根据自己的实际需求设计考核的标准,调整每一项活动所占的比例,得出学生的形成性考核成绩。

5.蓝墨云班课的总结

利用蓝墨云班课平台进行面对面的课堂教学和在线教学相结合的混合式教学,能有效激发学生学习英语的兴趣,提高学生的学习主动性,吸引学生的课堂注意力,从而达到提升英语教学实效性的目的。但是教无定法,没有任何一个教学方法可以解决所有的教学问题,同样,没有任何一款教学 App 能满足所有教师和学生的需求。蓝墨云班课在面世的时候,就喊出"让教学轻松一点"的口号,教师可以适当地利用蓝墨云班课,让自己的教学变得"轻松一点",但是不能盲目、过于频繁地使用这一工具。教学方式要根据授课内容的特点进行改变,频繁地使用一种教学方式,容易导致学生对学习产生麻木的心理。以课堂上提问这个最常见的活动为例,如果教师每次都要求学生用蓝墨云班课进行抢答,学生就会慢慢失去兴趣。教师可以通过各种平台来进行培训、学习,从而不断提高教师的教学能力和专业技能。中职英语教学研究不能只停留在教材和单一的英语学术讲座上,中职英语教师还应该全方位地对政策、学生专业、企业文化等有一定的了解,才能避免在教学时闭门造车。如果教师要教授《物流英语》《酒店英语》《旅游英语》等行业英语课程,应提前进修会计、酒店、旅游等专业的相关课程,对行业知识有深入的了解,才能提高课堂质量。

第三节　雨课堂

雨课堂是清华大学推出的将信息技术和实体课堂相融合的一种智慧教学工具,它将大数据、云计算等融入日常教学中,为教师了解课堂的进程,了解学生对知识点的掌握情况提供了数据化、智能化的信息支持。

教师通过雨课堂这种智慧教具,可以将线上资源和实体课堂有效结合,课前可以用其推送课件、学习任务,课上、课后运用其各种功能,让师生、生生之间实时互动,同时,雨课堂对学生在整个教学过程中的学习动态进行数据分析并反馈给教师,教师可以依据数据进行有效的教学活动。另外,雨课堂让集体学习、自主学习、社交交互学习等多种学习模式的实现成为可能,为学生提供比传统课堂教学形式参与度更高的学习体验,建构了英语有效的学习环境,为教师开展混合式教学研究提供了参考和借鉴。

　　一些中职院校非英语专业的学生认为英语与其未来的就业无关,往往忽视英语学习,对教师所讲授的内容不感兴趣,课堂没有互动。因此,中职英语教学内容设计方面,教师要精选与学生专业相关的各种视频、音频等信息资源,让学生意识到英语与所学专业的密切联系和相关性,培养中职学生学习英语的兴趣。例如在讲授主题为"问路"的教学内容时,教师不仅可以将与问路、指路相关的慕课、配音等信息资源推送给学生,还可以将各种交通指示标识或者地图知识通过雨课堂推送给学生,这种方式不仅突破了传统教学资源的局限性,而且让教学内容生活化、实用化,契合中职学生的学习接受习惯,使学生主动参与英语教学。雨课堂的推送让中职英语教学轻松愉快,让中职英语学习做到随时、随地、随需。

　　中职英语教学目标不是让学生全部掌握课本上的语言知识,而是帮助学生掌握并熟练运用语言的各项技能,因此在教学内容上,教师除了讲授教学的重点和难点,还应拓展教学内容,课前增加教学示范项目,让学生可以模仿训练,课上增加课堂训练项目,对所学知识加以巩固,课后增加拓展训练项目,帮助学生将所学知识内化吸收。雨课堂让这些课前准备、课上内化以及课后延伸拓展得以真正地实现。在雨课堂的构建过程中,教师除了推送与教学内容相关的信息资源让学生学习、观摩外,还可以根据需要在课前依据教学内容的特点,提炼知识点和技能点,定制与课程内容符合的教学课件库,整合相关的微课或慕课资源,完成在线测试题、随堂测试题库的建设以及针对听说读写技能训练所采取的多样化教学设计或活动库的构建,帮助学生深化理解与掌握教学内容重难点,让学生适应自主学习、集体学习、社交交互学习等多种学习模式。

一、雨课堂的应用实践

在教学过程中,教师可以通过雨课堂来管理班级里的每一位学生,教师只需要安装好雨课堂插件,然后在微信里关注雨课堂,点击"我的课程",然后点击"我要开课"就可创建班级和课程,创建成功的班级会有专属的二维码和邀请码,学生只要拿出手机微信扫码或输入邀请码就可以进入班级,进入教学活动。整个教学活动过程设计包括课前、课中和课后三个教学环节的设计。下面以"Food Culture"中会话部分为例,具体阐述基于雨课堂的混合式教学的实施过程。

1. 课前环节

教师在雨课堂的支持下将关于用英语如何预订座位、如何点餐等重点词汇和句型制成微课课件,同时插入一段关于点餐的网络视频,最后添加客观题作为考查学生预习情况的依据。教师将完成的课件推送到手机,并在手机微信端对每页插入语音讲解,最后发布到所创建的班级。学生在收到课件后,可以不受时空地域限制进行灵活的学习,并完成客观题进行自测,微信会即时给出分数。如果学生有疑问可以点击"报告教师"提出问题。教师通过点击"查看课件"可以掌握已预习学生人数、预测题答题情况,有针对性地进行师生互动和课前准备,实现异步教学。

2. 课中环节

教师无须进行传统方式的点名,学生通过扫码或输入邀请码进入课堂,教师可以通过邮件了解学生的出勤情况,这种考勤方式提高了考勤的效率,更能让学生接受。关于课前预习情况,教师通过雨课堂将数据反馈给学生,让其知道自己的薄弱点。课上教师在讲解点餐的句型和各种菜名的同时,也可以根据课堂需要,创建课堂任务,并且规定学生在规定的时间内完成,检测学生掌握点餐词句的情况;接下来就是引导学生用所学的短语、句型进行会话实践,教师可以先通过教学示范先让学生模仿,再结合之前预习内容进行语言输出,教师可以模拟餐厅的用餐情境,由教师来引导学生进行简单的用餐对话,针对口语水平比较高的学生,教师可以插入一段点餐的视频让他们即兴配音。这种练习可以分组进行,学生有不明白的内容或遇到难以表达的地方可以即时点击"不懂"按钮,教师能及时有效地补充讲解并答疑。学生积极性不高、注意力下降时,教师开启弹幕功能,增加课堂的趣味性和互动性,实现课堂上的多元互动。

3. 课后环节

教师根据随堂测评、"不懂"、弹幕反馈出的实时情况发布不同难度系数的作业,如让学生跟读模仿或按照视频进行脚本的编写并配音;还可以使用投票功能了解学生对教学环节、教学方法和教学效果的满意程度,从而进行总结并优化教学设计,提高教学效率。学生在学生端除了完成教师布置的作业任务,还可以有选择地自主查看"不懂"的内容,实现差异化和个性化学习。

4. 数据分析助力教学评价

在教学评价设计方面,教师对学生学习的总体评价既要包括学生课前的在线预习情况,还要包括学生课堂上的学习情况,又要包括课后的作业完成情况,忽略任何一方面,都无法做出客观、真实的教学评价。雨课堂采用的数据分析和云计算技术,对教师和学生的同步教学和异步教学全过程都进行了实时记录和统计反馈,对学生的"学"和教师的"教"都有着巨大的意义。课前的预习数据是教师对学生进行诊断性评价的考查依据,教师可以据此了解所创班级学生的整体水平和学习态度,有的放矢地对课堂环节的设计进行调整,设置符合学生真实水平的教学任务和教学设计;课上的实时学习数据分析反映出学生对知识点的掌握程度,教师可以据此调整课堂节奏和讲授深度、广度,它是教师对学生做出过程性评价的重要依据;课后的作业数据分析可以让教师了解整节课的教学效果,也可以让教师对学生因材施教,让学生实现个性化学习,同时它也是教师对学生进行终结性评价的重要根据。以往的课堂教学评价都是教师通过作业考试观察并根据教学经验和直观判断来实施的,教师的负担重且所耗时间长,雨课堂产生的大数据让学生的学习情况直观化、可视化,教师可以依据客观、实时的学习数据进行课堂教学,调整教学模式和教学方法,让英语教学智慧化和高效化。

二、雨课堂的应用建议

1.营造稳定的混合式教学网络

在用雨课堂的混合式教学过程中,如果 PPT 播放存在着卡顿现象,就会影响教学活动的正常开展,单靠手机流量来进行混合式英语教学更不实际。网络环境的不稳定会造成学生不能够即时收发到教师推送的信息资源,课前预习环节、课上讲授环节和课后复习环节也不能顺利完成。因此,在教育信息化的建设方面,中职学校要加大投入,营造良好稳定的网络学习环境,让校园的无线网络高速畅通,才能推动信息技术"课堂用、经常用、普遍用",保证混合式教学的正常实施,让学生不受地域时空地灵活学习。

2.开展多样化的教学设计

中职学生生源广泛,英语基础不一,自主学习能力弱。教师如果没有精心做好符合中职学生学习特点的教学设计,就会让学生对混合式教学失去兴趣,手机只会成为课堂上光明正大的娱乐工具,更别提课前的预习环节。因此在教学资源的整合设计方面要选择轻松有趣、贴近生活、适合中职学生学习偏好的相关资源,唤醒他们学习英语的兴趣,如美文美句、经典电影片段等,提高学生的语言文化鉴赏能力;课堂活动设计要生动、多样,知识的讲解要结合案例、小组讨论、话剧表演、电影配音等多种形式,不能拘泥于一种教学模式,因班施教,勇于尝试并不断调整教学方法和教学实践,让学生在混合式教学中有更大的学习空间锻炼英语语言技能;试题库的设计要将课堂之上和课堂之外紧密联结,让教学活动真正做到行之高效。雨课堂的实施并不是微信教学代替传统教学,而是利用雨课堂和微信作为信息化教学的辅助工具实施教学活动,教师开展混合式教学时,不能只关注信息技术,忽略教学内容,要提高教师对课堂的驾驭能力,做到对教学过程有效监督。

3. 构建交互式的教学情境

学生是教学过程的核心,所有的课堂活动和教学设计都是围绕着学生的"学"而发生的,因此在雨课堂的实施过程中,要突出学生的创造性和教师的指导性,两者缺一不可,这也和混合式学习理论相一致。雨课堂实质上就是英语学习中的网络学习共同体,是以信息技术为媒介,将各类教学资源在师生之间相互传达和交流。单靠教师的"教"和教学资源的输入,没有学生的互动和反馈就和传统教学无异。另外,雨课堂的一大特性就是定制,让学生实现个性化学习,这是教师基于学生的答题、自测、考试等产生的数据分析基础上开展教学活动得以实现的,数据的产生离不开师生之间和生生之间以及人机的互动;教师答疑的时效和对学生的实时评价也直接影响着学生学习英语的兴趣和热情;课堂内外生生之间的积极互动和交流也能让教学流程和教学设计更加完善。因此,教师要大胆尝试雨课堂的各种功能,鼓励学生积极参与教学体验和教学实践,提高网络交互性,构建探究协作自主式的教学情境。

总之,雨课堂让混合式教学成为可能,让教师的指导和管理渗透到雨课堂的每一个教学环节,更让师生之间、生生之间得到自由的联通和交互,教学资源得到了扩充,教学过程灵活多变,教学内容丰富,教学过程实时记录,教学评价以数据驱动更为科学合理。当然,雨课堂在应用到不同的语言技能教学中会遇到新问题、新情况,教师要继续进行实践研究,积累实践教学经验,不断改进和完善教学方案,提高教学质量。

第四节　希沃易＋

"希沃易＋"是希沃软硬件结合的解决方案品牌体系。已经推出的"希沃易＋智慧校园整体解决方案",是教学备授课一体化、丰富的互动课堂与教学质量分析相融合,设备动态监控和课堂实时查看相结合,智慧校园文化相融入的智慧校园整体解决方案。"希沃易＋智慧校园整体解决方案"建立在局域网与互联网基础上，以交互智能平板、智能终端、教师移动授课终端及校园中心控制台作为主要硬件载体，通过希沃自主研发的应用系统及工具实现整个校园在互动教学、微课制作、资源共享、信息发布、校园广播、设备管理等应用领域的信息化改革，进一步提升学校整体的信息化水平。

一、"希沃易＋"教学实践课前阶段

课前教师发布任务和问题，任务和问题的设计以学生和资源的互动为主线，如自主学习课前微课或完成某项社会调查。课前任务一是要激发学生对本课题的兴趣，所以不宜过难；二是教师采集大数据，精确把握学情，优化自己的课堂教学设计，让教学定位更准确。如在学习新的单元内容前，基本词汇是学生自主学习的一部分内容，教师可以让学生在网络上查阅不会读或没掌握的单词，也可以把一些重点或疑难词汇用小视频的形式推送给学生。在进行某项专项语法知识学习时，教师在课前让学生进行自主测试，了解学生对此部分的学习初始情况，准确把握不会的知识点，而不是主观臆断："我认为"学生这个点可能不会，那个点应该已掌握。教师根据自主学习数据反馈，准确把握学情。

教师利用信息化手段查看学生整体学习情况，对整个班级某些知识点的掌握了如指掌，关注成绩、学习时长、学习时段，能分析出学生的态度和努力程度；关注个人学习详情，可以了解学生的学习、思想，包括心理的变化情况，及时给予个性化指导。这些是信息化教学背景下，教师必备的职业素养。

二、"希沃易＋"教学实践课中阶段

课中人人参与的"希沃易＋"互动课堂，将互动性与趣味性一起融入课堂，使学生成为真正的学习者和探索者。

1."一对一"的活动

希沃白板中的课堂活动局限于"一人做,多人看"的单向活动,但在易课堂中完全突破此限制,形成"一对一"的活动。授课中,教师把课堂活动(配对、拖拽、集合画板等活动游戏)一键推送到学生平板,每个学生都可以参与到互动中。教师在课堂上根据教学需要,把课件、游戏、练习等实时推送给全班学生,让学生在平板上根据要求完成操作,并且一键把练习结果上传到大屏,实现人人参与互动学习,打破传统英语学习工具学习互动的束缚,大大提升学生学习兴趣和效率。

2.互动性活动

"惊险刺激"的趣味抢答、发散性思维的弹幕等激发学生以多种方式提出创造性的问题,通过抽选、抢、弹幕等功能,为每个学生创造平等的展示机会,形成各种有价值的生成性资源,培养学生的创新思维和能力。

3.生成性的小组讨论

在探究学习过程中,小组的探究过程、结果资料等通过拍照上传分享到大屏,教师利用四分屏随机或者选择性展示学生或者小组的作品,实现小组作品深度反馈。

4.即时性的教学反馈

在易课堂教学过程中,利用"自动批改"单选等客观题功能,教师当堂进行重难点知识的测验,让学生即时答题。学生答题后,自动生成答题数据,教师能够对学生的知识点掌握情况即时做出判断,并对课堂安排进行优化:对学生掌握好的题目略讲,对大多数学生做错的题目则重点讲解。教师不再仅靠经验和个人能力去判断学生掌握知识点的情况,自动生成的统计数据提供了更直观的评判依据。有了直观的教学反馈,教师能兼顾每一个学生的学习情况,并采取针对性的措施补缺。

三、"希沃易＋"教学实践课后阶段

课后教师根据课堂实时检测和综合测评结果,发布分层作业或小组团队作业。对分层作业,学生根据自身学习情况回放学习薄弱点,实现

"一对一"的补充学习。"希沃易+"平台线上教学推出回放功能,学生可通过课堂回放解决知识遗漏点,教师也可以把课件推送给学生。小组团队合作,可以实现目标统领、分工合作、智慧众筹、小组讨论、共享集成的目标。小组内有些学生善于表达,有些学生虽不善于表达,却擅长写或画,这样合作互补既可以培养沟通、协作技能,也能强化参与者的认知责任,激发每个学生的深层动机,是一种有效的共同体学习方式。由此,课后优秀作业成为创新性学习和个性化学习的一个主阵地,学生会逐步优化资源,让知识涌动起来。

总之,利用"希沃易+"教学平台,可以打造课前、课中、课后全流程教学模式,构建全员参与、实时呈现、即时反馈的互动协作式创新课堂,创造性地利用平台、网络信息拓展学生学习和运用英语的渠道势在必行,平台、平板、教师、学生四者之间如何构建更和谐的有温度的关系,还需要广大教师认真探究,教学改革永远在路上。

第五节　翻转课堂

随着大数据时代和网络信息化时代的不期而至,人们的学习方式发生了天翻地覆的改变。教学开始以各种多媒体手段通过移动终端传达给学习者。"微课"和"翻转课堂"就随着"微时代"的到来应运而生。"微课"是指用时长 3～10 分钟的短小视频来对某一知识点进行讲授的过程。"翻转课堂"又称"颠倒课堂",是翻转或颠倒教师和学生在课堂上的传统角色定位,教师将知识点的讲授放在上课前的学生自主预习当中,让课堂变成以学生为中心的互动式教学场所,通过一系列积极主动的课堂活动,实现知识点的内化和能力培养的新型教学过程。

翻转课堂的原型要从它的创始人萨尔曼·可汗说起,他是一位孟加拉裔美国人,2004 年为辅导亲戚朋友学习,制作了一个时长约 10 分钟的视频放到网络上并共享了这个资源,没想到迅速在网络上引起热议,受到大家的喜爱。这个理论真正提出和实施是在 2007 年,美国林地公园高中的两位科学教师乔纳森·伯尔曼和亚伦·萨姆斯,为了帮助缺课的学生自学,将制作好的视频上传到网上,同时也方便了其他学生使用在线资料复习和强化课堂教学内容。伯尔曼和萨姆斯的《翻转你的课堂:时刻惠及课堂上的每位学生》总结了翻转课堂的相关理论,促进了翻转课堂研究与教学的推广。目前的中职英语教学基本上已经突破传统的填鸭式教学模式,以提高学生的英语能力为主,降低了基础英语教学的比重,职业英语的教学已经成为主导内容。学生通过视频资料,先了解和学习教师即将传授的教学内容,在课堂中和教师同学进行互动,达到对知识的真正吸收,相比较以往传统课堂教师填鸭式的灌输更有效率,而且学生不理解的问题在课堂中都可以得到解答,进而实现了对新知识的彻底理解和熟练掌握,在课后也不需要再加入大量的作业来练习,学生完全可以本着拓展知识的目的去学习,从而完成学习过程,让学习更有效果。这也是自主学习、合作学习模式培养学生的初衷。

一、翻转课堂的学习优势

翻转课堂颠覆了传统的教学模式:在用于同学们课前预习的教师所提供的混合式教学内容中,学生的英语运用能力是重点。因此,翻转课堂在设计时既要体现基础性,也要注重实践性和开放性,让每一位学生各取所需,切实把学生的语言实践能力培养放在首位,利用课堂将课前学习和课后实践有效地结合起来,用实践促进学习,提高学生自我复盘的能力,塑造创造式的学习行为,构建人性化的教学模式,促进学生就业技能的培养。翻转课堂教学通过多种形式刺激学生的思想、情感、想象和创意,进而诱发学生的认知内因,调用已有的知识,温故而知新;同时促进师生之间和生生之间的思想感情交流。

1.学习时间、场所的不限性

传统英语教学的一堂课时间一般为 40～45 分钟,最多两节课连上也就 80 分钟左右,我们都知道英语的学习是个长期积累、反复练习的过程,没有什么捷径可循,但是对中职院校非英语专业的同学而言,他们的英语排课时间不可能占用太多常规教学时间。而随着国际交流合作的日益频繁,这对他们语言能力的培养提出了新的挑战,职业英语逐渐占主导地位。在这样新兴的混合式教学中,学生从基础英语走向职业英语,他们需要更多的时间磨合、训练和理解,翻转课堂就解决了这样的实际困难。教师将知识点的讲授放在上课前的学生自主预习环节当中,让课堂变成以学生为中心的互动式教学场地。翻转课堂通过一系列的积极主动的课堂活动,实现了知识点的内化和能力的培养。传统课时时间短,很多基础薄弱的同学还没有消化教师的教学内容就已经下课了,学生头脑里的语言知识还处于支离破碎的状态。有了翻转课堂课前的语言输入,在课堂上,教师通过场景训练和指导再进行标准的语言输出,合理地完成了语言的训练,这才达到了学习的真正目的。

2.创设符合学生差异性的学习氛围

由于不同地区的教学资源存在差异,中职入校新生的学习能力强弱也不尽相同。对于差异明显的学生,如果还接受统一的课堂教育,势必对基础差的学生来说是不利的。关于语言的学习,每个学生能力不同,因此练习的时间和练习方式也都不可能相同。在以往的英语课堂上,由于学生人数和时间的限制,教师一个人不可能照顾到所有的学生,个别指导次数会很有限,针对性不够,但是翻转课堂完美解决了这个问题。学生可以通过翻转课堂,学习教师的口语教学视频资料,根据自己的情况在课外时间学习。由于时间充裕,学生可以反复练习,还可以把自己的语音录制下来,反复听,查找自己的错误,纠正发音。基础好的同学可以少练习,基础差的同学则要多练习。同学们可以根据自身的情况,有选择地练习,有选择地查看资料。每位学生可以根据自身的情况制订学习计划和目标,只有自己是最了解自己的。这样才能增强学习的信心,加快学习的进度;这样才是真正以学生为主体,尊重每个人的个体差异。而且翻转课堂也提供了一个私人的空间供学生学习,学生可以大胆地练习,不用太关注周围人的看法,完完全全是为自己学,既得到了像教师在身边一样的指导,又有一个不受干扰的环境,可以放心地讲,大声地说。这样反复练习之后,不可能没有效果。然后,学生再回到课堂向大家展示自己的学习成果,既有成就感,又增强了自己学习英语的信心,也不再惧怕开口说英语,渐渐地养成了课堂讲英语的习惯。在班级中形成了一种良性循环,人人敢于开口,善于开口,英语成了交流的语言,最终学生们都提高了英语表达的能力,甚至在生活中也用英语交流,进而提升了英语口语的交际能力,为职业发展服务。

3.学习资源的丰富性

现代教育技术的发展和国家对职业教育的重视,不断推动着中职教育的改革创新。现代网络的发展可以说是日新月异,翻转课堂正是借助网络拉近了课堂与"真实世界"之间的距离,拓宽了学生学习的空间。学生在校园里了解的知识毕竟有限,但是在网络上却可以搜集到大量的资料,而且样式不限,图文、音频、视频可以说是应有尽有。教师可以首先进行初步筛选,把适合学生的资料拿到翻转课堂中,让同学们学习。学生自己也可以到网络上找到第一手资料,供自己学习。这样的学习模式和资料收集是受年轻学生的欢迎的,新颖、丰富,具有时代感,有利于学生保持旺盛的学习欲望,主动去探求,主动去整理资料。这样无形中培养了学生创新性思维模式。中职英语教学,利用翻转课堂模式,以学生为中心,强调学生对知识的主动探索、主动发现和对所学知识框架的主动建构。翻转课堂的教学目标是全方位地提高学生的语言知识实际运用能力。通过和以往不同的翻转教学,让学生自身能够准确、自然和流畅地运用该阶段所学的语言知识,并能根据不同的场合恰当地使用语言。在课程教学中应根据专业的不同,设计不同的主题,强调实际应用,加强语言实践能力的培养,提前适应将来职场中面临的语言环境,使学生具备较强的听、说、读、写、译的能力,掌握英语语音、词汇、句法、修辞、语篇等语言知识,提升学生的英语综合应用能力。同时翻转课堂的教学设计要与学习主体、课程目标、应用平台等主客观因素相关联。中职院校的学生有很多的时间可以自由支配,校园里也有良好的网络学习平台和实践环境,比如丰富的竞赛资源,校园内各项丰富的文化活动,这都是锻炼自己语言表达能力的优质资源,让学生的主题汇报、朗诵、读书报告、课程论文以及正式的书信等表达得体并具有一定的深度。教师有义务和责任为学生的职业发展打好基础,使他们成为社会发展需要的高素质劳动者。

总之,职业英语课程开发和教学的目的是以工作岗位为基础,围绕职业工作的过程,以英语为输出途径,使职业能力的发展借助语言得到提升。职业英语的学习一定要强调将语言技能融入工作任务中。基于中职教育的特点,翻转课堂的教学形式完全可以运用到中职英语教学中,合理的翻转教学可以提高学生自主学习和解决问题的能力,培养终身学习的习惯,有效提升职业英语的应用能力。

二、使用翻转课堂进行混合式教学的指导原则

1. 复习巩固

由于学生在课前进行了自主学习,大部分学生已经基本掌握了阅读材料(即课文)的主旨大意和重点语言知识(词汇和语法结构),如果学生没有提出疑问,教师尽量不要重复教学平台中已有的教学内容,而应该开展各种以复习、运用、巩固为主题的课堂活动,做到"课前学英语,课中用英语",最大限度地提高教学效率。只有使用中的语言,才是活的语言。因此,学生在课前学到的语言知识,只有在课堂中进行运用才能得到巩固和内化,才能发现问题并解决它。

2. 答疑解惑

学生在课前的自主学习中或多或少会遇到一些困难和疑惑,能够提出疑惑的学生往往是学习比较认真和投入的,教师应该加以赞赏,并鼓励学生提出疑惑。学生遇到的疑惑常常以问题的形式提出,可以在网络平台上提出,也可以在课堂上提出,经班级(或小组)讨论后,再由教师解答。同时,教师在课堂上还要善于发现学生在语言运用中的错误,并在不打击学生积极性的前提下纠正一些较严重、有共性的错误,对于个别不影响交流的错误则适当采取包容的态度。

3. 小组合作

由于课堂内的教学活动主要是运用和巩固,每位学生都应该有运用语言与他人交流的机会,而中职院校通常都是大班教学,不可能让每位学生在讲台上向全班同学展现自己,也不可能让每位学生单独与教师交流,因此最好的交流方式是小组讨论。这需要将全班学生按照积极性和英语能力高低搭配的原则分成若干学习小组,每个小组 6~8 人,这样不至于某些小组太沉默,或者错漏百出却不自知。教师是小组活动的监督者和指导者。

三、课堂教学活动策略的多样性

在翻转课堂教学模式中,中职英语课堂教学策略和活动应该是多种多样、丰富多彩的,根据实际的教学内容灵活地设计课堂教学活动是英语教师必备的教学基本功,因此笔者并不主张在课堂中只使用某些活动或者不使用某些活动,而是将可以或者可能使用的教学活动呈现出来,供实施翻转课堂教学实验的中职英语教师们参考和借鉴。在避免重复学习平台上教学资料的前提下,笔者认为在中职英语教学的课堂上,教师可以参考以下课堂教学活动:

1. 回答问题

上课的开始阶段主要是对学生课前的在线学习情况进行检查,检验学生的学习效果。教师所提的问题可以是客观性的,如针对课文内容提问,也可以是主观性的,如谈谈阅读课文后的感想等。教师也可将这一活动交给学习小组,指导并监督他们组织好这一学习活动。学生在这一活动中也可以提出自己在课前学习中遇到的问题,由小组将问题汇总,并加以讨论,如小组讨论后并不能解决问题,则由教师帮助解答。需要说明的是,不少学生课前学习不够主动,而只是被动地完成学习任务,这样他们在课堂回答问题的环节中会显得不主动。因此,教师最好要求学生在课前观看教学视频或在线训练后提出 1~2 个问题,并将问题记录下来,留到课堂上讨论。

2.复述课文

复述是对课文深入理解后的抽象和概括,前提是要熟悉课文内容。复述不是机械地背诵原文,而是通过理解把课文内容进行整合,抓住要点,形成意象图式,是对课文语篇的认知加工后的语言产出过程。复述既可以加深对课文信息的记忆,又可以训练学生的英语表达能力。在小组活动中,不一定需要所有成员都复述课文,可以由某位学生作为代表复述。

3.背诵

根据模因论的观点,语言学习的过程就是一个语言模因复制传递的过程,这个过程包括同化、记忆、表达和传递四个阶段。背诵是语言学习者被语言模因成功同化的重要途径。学习者熟诵的内容可以直接应用,也可以通过变换词汇的方式改装后应用到新的语言交际情境中,这样学习者就能举一反三,触类旁通。经验证明,背诵让许多学生掌握了很多只靠分析无法获得的语言技巧,起到事半功倍的学习效果。但是,这里的背诵不等于机械被动地"死记硬背",而是主动、有选择地灵活背诵。背诵的内容也不局限于整篇课文,也可是精彩的段落、新颖的句式、句子中生动的词汇等。具体而言,学生可以在课前将课文中的优美段落、经典句型、精彩词汇、自己感兴趣的部分标记出来并背诵,并与同学分享自己的体会和感悟,这样既能保证学生有足够的英语语言输入,又能提高学生对优质语言的鉴别能力。

4.演讲

以小组为单位,学生运用课文的思想内容并联系自己的实际做一次简短的英文演讲,尽量运用课文中学到的词汇和句型。学生演讲的内容可丰富多样,可以谈感悟、讲故事、说经历、作介绍,根据自己的英语基础确定即可。例如,学生学习的主题是如何适应新环境,可以让学生谈谈中职生活与初中生活的区别,分享第一天来校的经历,做简单的自我介绍,聊聊自己对新环境的看法,谈谈自己今后的学习计划,等等。

5.角色扮演

各组学生可根据本组的实际情况(如学生的英语口语表达能力等)设定某个交际情境,围绕本单元的主题编写简短的会话,并由同学扮演相应的角色,将会话表演出来,以此培养学生的口头表达能力和创造能力。

6.摘要写作

摘要写作是一种笔头训练。通过摘要写作可以让学生掌握好课文的行文思路,学会课文中的语言结构。享誉全球的经典英语教材《新概念英语》的第二册和第三册给师生提供了如何训练摘要写作的范本:教师可以对课文内容提一系列的问题,学生用完整的句子回答这些问题,并将所有问题的答案连成一段话,最后使用连词、从句、同位语、非谓语动词等结构将这段话修改得更加简洁精练,由此达到写作训练的目的。

第六节　慕　课

慕课,即 MOOC,全称为 Massive Open Online Course,即大规模开放性在线课程。目前国内外学者对于慕课的定义还未达到高度一致,不同学者对慕课概念的描述有着不同的见解。

我国焦建利教授首次将"MOOC"翻译为"慕课",这一翻译得到了国内众多学者的认同。维基百科将慕课定义为"一种通过教与学的方式,将分布在世界各地的授课者和学习者联系在一起的大规模线上虚拟教室"。慕课具有以下特征:(1)大规模性:学习慕课的学习者规模比较庞大;(2)开放性:学习空间和学习资源的开放,凡是学生感兴趣的课程都可以注册学习;(3)在线性:学习者借助网络环境,在网上进行学习;(4)教学手段多样性:采用动画、视频、微课程和小测试等手段。综上所述,本研究中的慕课可以定义为:允许大规模的学习者在网络平台上进行交流互动,提供开放式学习资源以及自由的学习时间与空间的在线课程平台。

张鸯远(2014)、吴维仲(2015)等学者认为慕课给高等教育带来了巨大变革,高校教师应主动参与,提出培养创新型人才和因材施教的新方式。朱卫志(2015)、吴志芳(2015)等人的研究从理论上探索了在慕课背景下中职英语改革的必要性。陶久胜(2013)的实证研究显示在网络环境下英语自主学习能够显著提高学生的语言能力和自我效能水平,促进学生的自主学习行为。针对中职英语教学领域,广大学者也展开了广泛的研究。张卫萍(2012)的调查研究从四个方面展开:自主学习意识、师生角色定位、信息获取能力和协作学习。结果显示大部分中职学生有较高的自主学习意识,但是学生学习自主性的培养在很大程度上受教师教学理念和思想、现有教学条件、学生个人学习习惯的影响。网络学习共同体能显著提升中职生英语自主学习能力。学者们对于网络环境下学生的英语自主学习策略也进行了广泛的研究。以上研究都充分证实了网络环境下学生英语自主学习和策略研究的紧迫性。

一、慕课平台的混合式教学的原则

慕课以学习者为中心,关注及时和个性化的"互动"和"反馈"。在慕课平台上,学生从学习兴趣和个人需求出发,制定合理的学习方案,选择适合的学习材料,自主开展学习。基于慕课平台的混合式教学应遵循以下原则:

1. 以学生为中心的原则

基于慕课平台的课程实施线上和线下相结合的混合式教学,要体现以学生为中心的原则。教师设计制作的线上学习资源集"内容、练习、反馈、讨论、评估于一体"。"定制"是慕课教学的关键词,学生可根据兴趣、能力和学习目标等选择学习内容,在线完成学习任务。线下学生带着自主学习中的疑问参与课堂学习活动。由此,课堂教学由以教为中心转为以学为中心。

2. 多元化原则

多元化指的是课程资源多元化、授课和学习形式多元化与评价方式多元化。在慕课平台上,教师不仅要精心制作丰富的课程资源,还要为学生的课后拓展学习提供多种形式的网络学习资源。在课堂上,教师要设计与学生职业需求和实际水平相符的教学活动。除传统课堂授课形式以外,教师要通过视频、答疑、访谈等形式实现一对一的授课。学生的学习也不再局限于课堂教学,他们需要进行更多的自主学习,包括课前预习、课后拓展学习和考前复习等。在学习方式与学习时间、地点等方面,教师应给予学生更多的自主权。在评价方式上,教师应采用线上和线下相结合的多元化方式,综合考虑学生学习过程的整体情况。

3.个性化原则

每个学生都是具有独立思考能力的个体,教师应尊重学生的个性,根据学生个人需求和能力,指导他们制定基于慕课平台的个性化学习方案。为学生提供适合其个性发展的补充学习资源,以利于学生进行扩展训练。此外,教师还要引导学生将自主学习意识贯穿于线上和线下学习全程,使其能根据学习目标参与在线和课堂互动,对学习进行自我监控和管理,及时与教师交流学习中遇到的困难,便于教师对其进行个性化指导。

二、基于慕课平台的混合式教学的实施

1.开展个性化导学

若实施混合式教学模式,教师应在开学前两个星期指导学生制定个性化的线上线下相结合的学习方案,包括学习目标、学习方式和评价标准等。制定个人的学习方案有利于学生了解自身的学习需求,并能根据学习目标自主选取学习内容、调整学习进度。

2.基于工作流程,设置线上线下互补的教学内容

基于慕课平台的混合式教学,线上和线下的教学内容是相互融合、相互补充的,可以高效达成教学目标。

线上教学内容包括教师自制的教学视频、教学课件、文字资料和下载的课件、视频等补充资料。如在外贸英语函电教学中,教师在分析外贸业务流程的基础上,提炼外贸岗位的核心知识与技能要求,然后制作

成视频、课件或文字,上传到慕课平台。由于外贸英语函电实操性强,教师自制的教学视频不需太长,以 5～10 分钟为宜,包括学习目标、主要知识点、写作技巧等。教学课件的内容以外贸英语函电的模板、写作格式、范文解析、常用短语和句型以及写作中的注意事项为主。文字资料以设定情景的自主学习任务为主。此外,学生可根据各自的学习方案选择不同的补充资料进行拓展学习。

课堂教学内容组织的总体原则是:将实际工作流程和学习过程有机结合,以实际工作任务为引领,将知识与技能重构和序化为课程的教学项目;基于项目导向、任务驱动,构建具体的教学内容。根据学生在线学习中遇到的疑难问题,教师总结归纳,然后结合课程项目内容,以职业能力的培养为目标,设计课堂教学活动,促进学生的知识内化。学生参与课堂活动时,教师要密切注意学生的学习状况,对需要帮助的学生,及时提供指导。

3. 基于学生主体,构建"四位一体"的教学形式

混合式教学模式以学生为中心构建"四位一体"的教学组织形式,即自主学习指导、拓展学习指导、集中面授辅导和个别指导相结合的形式。

同样以外贸英语函电教学为例,教师确定自主学习要求,在对课程与各教学单元教学目标分析的基础上,根据学生基础与外贸岗位职业的能力要求,遴选学生自主学习需要"了解""理解"和"掌握"的三个学习层次的知识点,设计有利于培养学生写作能力的自主学习任务。然后要求学生根据个人情况制订符合本人实际的课程学习计划,教师负责课程学习计划的审核和实施过程的监督。

为进一步提高学生的运用能力,教师需在慕课平台及时更新拓展学习资料并提供相关网站链接,丰富学生的知识构架,提高其学习兴趣和学习能力。教师还应认真批改学生作业,指出错误,给出修改意见,及时反馈给学生,以帮助学生尽快弥补学习的不足之处。

集中面授辅导包括三个环节:一是答疑。教师针对学生在自主学习或拓展学习中反映出来的共性问题进行讲解;二是课程重、难点辅导。

教师结合多媒体和在线资源与学生就课程的知识结构、学习要点和难点进行面对面的实时交流,采取讲授、案例分析和小组讨论等方式进行,力求精讲多练、学用结合;三是后续学习内容引导。教师通过提示知识点、介绍教学资源和指导学习方法等方式为学生自学奠定基础,提高学生自主学习的质量。

个别指导是针对在线上和线下学习中有疑问的学生,教师通过电话答疑、E-mail 回复、一对一讨论、在线答疑等方式进行个别指导。

4.基于能力目标设计线上线下一体化的作业

作业可以巩固学生所学,提高学生技能。合理设计线上线下一体化的作业,对混合式教学来说非常重要。以教授外贸英语函电为例,外贸英语函电的一体化作业分为线上和线下两部分,线上作业以课前自主学习和课后拓展作业为主,线下作业以随堂作业为主。线上线下的作业分别设计基础题、提高题和拓展题三类。基础题主要是针对外贸英语函电中的专门术语和常用句型设计的选择题、翻译题和信函填空题,以培养学生的外贸英语函电基础写作能力为目标;提高题是根据设定的情景撰写外贸英语函电,以提高学生的外贸英语函电写作能力为目标;拓展题则是给定项目任务,要求学生撰写函电完成任务,以培养学生分析问题和解决问题的能力为目标,提高学生的外贸英语函电实践操作能力。学生可以根据个人情况选择符合自己需求的作业,达成学习目标。

5.基于多维角度构建混合式评价体系

对学生的评价考核应根据中职学生的特点,构建多维的考核评价体系。首先,评价形式应多样化。考试不再作为考核的主要方式,采用线上与线下结合、个人与小组结合、形成性与终结性评价结合的模式。不仅要对学生课堂任务的完成情况进行评价,还要把学生线上自主学习任务的完成情况纳入考核范围。其次,评价主体应多元化,由学生、小组和教师组成多元化的考核主体。根据线上学习记录、课堂活动记录和作业完成记录,学生首先进行个人自评和小组互评,然后教师再对其进行评价。对学习过程的评价为形成性评价提供了有效依据。最后,评价标准应多维化。评价要考虑学生的非智力因素,不以考试分数作为唯一的评价维度,要从多维度寻找学生的闪光点,鼓励其不断进步,帮助学生树立信心,激发学生的学习兴趣。

基于慕课平台的混合式教学,通过线上线下教学的结合,实现了慕课与传统课堂教学的融合。这种教学模式可以激发学生的学习兴趣,提高其自主学习能力,进一步提高学习效率,是改革中职英语教学、提高教学效果的有效手段。

第七节 微 课

微课运用现代各类高科技互联网技术,为学生呈现碎片化的学习内容,以"微课堂"的形式构建数字教学资源、创新学生学习模式。微课在混合式学习理念下,将"微课堂"拓展到"微校园",即将课堂的资源信息拓展到混合式教学的"线上教学"部分,让学生在课上和课下都能够接收微课的碎片化知识,从而将英语知识以全面覆盖的方式渗透到学生学习及生活的方方面面。微课以课堂案例教学片段为主,以与英语单元教学主题相关的素材课件、教学测评为辅。微课教学片段时长最短 2 分钟,最长也不超过 10 分钟,因此相较于传统课堂来说,是"碎片化的微型教学片段"。微课目前主要以教学案例分析为主,应用在课堂教学中,并作为辅助教学课件资源,应用在学生的课下作业中。

一、混合模式下中职英语教学困境

1.微信息资源采集更新不足

微信息的资源课件具有多维性、大众性和广泛性。以茶文化英语教学为例,教师不仅要对各类茶语言的英语翻译及文化案例进行收集,还要对各民族小众茶文化的风俗、哲学精神内涵进行文献采集和背景教学,这样才能使中职学生在学习有关茶文化的英语时,对其语言的翻译把握更加精准,对茶文化相关的商用英语的理解能力更加深入。目前,茶英语微课的课堂教学案例大多千篇一律;混合教学理论融入后,学生的课下网络微课资源仍十分匮乏。除部分茶乡的高等院校的茶文化信息采集较为丰富外,其余省市中职院校对茶文化的信息采集量较少,把茶文化的英语教学重点放在"英语"上,忽视了"茶文化"的主题。尽管茶文化流行发展,茶语言与时俱进、创新茶风俗和茶文化层出不穷,但有关传统茶语言的微课视频的更新却不同步,资源信息较为滞后,阻碍了中职学生对茶文化英语多层语义的及时把握。

2.微课堂教师掌控能力有限

微课是近年来互联网兴起下才出现的授课模式,其发展时间较短,课程体系也正在不断地摸索和完善之中。混合式教学理念融入后的微课教学模式更具有创新性,教师也多是初次以此模式进行教学,因此会出现课堂掌控能力不足、教学效果不增反降的现象。对于茶文化英语的课程视频教学脉络,中职教师多以融合式的教学模式,将茶文化课件、英语语言课件交叉进行教学。其目的原本是让学生学习两者共同的知识体系,但微课资源的滞后及交叉课件内容的混乱,使学生对微课教学理解度降低,甚至会扰乱学生原本的主体英语语言思维。在此教学困境下,许多教师开始采取先打基础、后插课件的模式弥补原有教学体系的不足。中职院校也在不断以教师培训的形式巩固师资力量,提高教师对于混合教学模式下对微课体系的把握水平。

3.微教学线上线下配比不均

教育部《关于申报"基于微课的翻转课堂教学模式创新应用研究"课题的通知》下发后,中职院校对于微课的重视程度越来越高,但教师对于微课教学的把握程度不足,加上微课的试行时间较短,表现在各中职院校对于微课教学线上线下的时间配比不均。一方面,微课的教学时间过度占据了学生的整体学习时间的很大一部分。部分教师在课堂上播放微课的课件视频占据基础课程的三分之一。而在课下,微课几乎占据了学生学习英语的所有时间。在有限的课余时间内,学生对于基础英语的背诵、训练时间被缩减。另一方面,混合教学理念的基础应当是"正式环境"下的课堂教学。而微课的出现,虽方便了师生交流,却让线上网络教学占据了过多的学习时间。线上线下的教学时间配比不均,师生关系和实际互动频率较以往有所降低。

二、混合理念下中职英语微课教学创新路径

1. 混合文化教研弥补小众视野

同样以茶文化英语教学为例,面对微信息资源采集不足、数据更新不同步的情况,中职院校以文化混合式的教学模式弥补小众茶文化信息匮乏的困境。"文化混合式教学"受到"互联网信息混合式教学"基础理论的启发,将茶文化、汉语言文化和英语语言文化进行课堂混合教学和课下研讨教学。基于茶文化古文语言的文学性,故将汉语言文化作为中职院校英语微课混合文化的一部分。首先,在课堂上,利用传统文化的微视频片段和茶文化的微课件,作为案例分析穿插在课堂英语基础内容的教学中。随着茶文化思想在普通英语教学中的不断渗透,学生可循序渐进地了解茶文化思想。其次,在线上网络教学中,教师对汉语言文化的部分基础理论进行讲解。汉语言文学作为高校基础教学,其微课的课件覆盖面较广、课程体系较为完善。学生从体系化的汉语言微课中,对茶文化的小众词汇、茶的文言文语言和中华传统文化语言历史有了了解,从而能够更好地对茶语言的英语语义进行翻译和辨别。最后,在多重文化混合教学模式下,教师将小众视野下的茶文化、茶习俗等茶语言元素与学生共同研习探讨,在实践中开拓创新。

2. 信息混合共享重构生态型课堂

在混合学习理论与微课教学共同创新了教学方式的同时,中职院校的教学主题理念也需随着形式的创新而不断发展。对于教师微课教学掌握能力不足的困境,以及中职院校教学"职业针对性强"的特征,教师可应用信息混合共享模式,重构线上线下的生态课堂。"生态课堂"旨在教授知识的同时兼顾学生的个体性格,培养具有创造力和个性化的学生。同样以茶文化英语教学为例,在茶文化英语微课视频资源不足的当下,让学生自己去创建微视频、微课课件,将学生的微课信息融入课堂教学中,甚至让学生用英语口语自己进行课堂10分钟的微课视频讲解,

培养学生的创造力不失为可行之策。学生在制作微课视频的同时,也提高了对茶文化英语的理解力和英语口语能力。学生在制作微课课件时可通过与教师的线下交流,保证课件的教学有效性,还能够以此促进师生关系。

3. 双主体混合育人,优化师生关系

中职院校生态课堂以"学生为中心",将学生作为学习主体。混合式教学模式理念下,除线上线下的混合教学模式外,学习主体也需多元混合,从而以更加完善、多维的创新角度不断更新中职院校微课教育体系。从中职院校对教师的师资力量的培养可知,教师也是微课模式的学习者,也是学习主体。因此,宜将教师与学生作为双主体进行中职英语的共同研习探讨,以翻转理论和信息交互理论,将育人从单向关系转为双向互动关系。基于此,教师和学生主体地位平等,学生对教师的压力感和排斥感转为同阵营的亲密感。师生作为共同主体同时构建微课的多元创新学习模式,学生的中职英语语言创造性思维也在师生关系的优化中不断提升。

第八节　微　信

随着现代信息技术的快速发展,教育也逐渐融合了现代信息技术。其中微信的教育功能较强,微信教学受到许多教师青睐。微信作为一种时兴的通信软件,灵活性、交互性很强,能够及时对相关的信息、图片等进行发送和接收,具有社交、公众平台等功能,在学生中的使用频率也是最高的。将微信应用于英语口语教学中,能够将课堂教学和在线教学的优势充分发挥出来,使学生的学习效率得到极大的提升。本文拟基于当前中职英语口语教学现状,探究基于微信的中职公共英语口语混合式教学模式的实践策略。

一、基于微信的中职公共英语口语混合式教学模式实践

基于微信的中职公共英语口语混合式教学分为三个阶段:课前预习、课中学习和课后练习。

1. 课前预习

教师在上课前先在微信公众号将单词、句型等资料发布给学生，并列好学习清单。学生通过微信进行分组学习、相互交流，做好课前预习的准备。例如，《基础模块》第一册 Unit 10 的知识目标为"方位介词的用法"，教师在课前将制作好的微动画推送到微信群中，以微课的形式解决课堂上无法直观讲述空间位置的难题，帮助学生课前理解"on，above，over"的用法与区别，为课堂教学做好准备。

2. 课中学习

教师先以分组的形式让学生完成课前口语练习任务，再根据学生的表现情况，找出学生在知识理解及应用方面存在的问题和疑问，从而确定教学难点。之后，对基本知识点略讲，对重难点则进行详细的讲解。接着，教师布置新的任务，检验学生对重点和难点的掌握情况。对接受能力较弱的学生，要进行个性化指导，帮助学生更好地消化知识。例如，在"Hunting for a job"单元教学中，教师可以要求学生两两结对，分别扮演"interviewer"和"interviewee"，练习"What job would you like to apply for?""The nurse，sir"等句型，比如，当发现学生对"apply for"发音不准确、对句意理解不到位等问题时进行详细讲解。在整个课堂教学过程中，突出学生的主体地位，引导学生在学习过程中发现问题、分析问题、解决问题，进而有效提升学生的口语表达能力，同时锻炼学生的人际交往能力。

3. 课后练习

课程教学结束之后，教师将巩固口语的相关练习作业发布在微信公众号上，要求学生将口语练习作业录制成视频或语音并上传到班级微信群，教师评选出优秀的作品且在下次课堂上进行展示。例如，在入学后的第一节课上，教师按教学计划带领学生对音标进行复习，要求学生课后以宿舍为单位创建微信群，舍长组织每位成员在群里读出 48 个国际音标，让其他同学共同纠正、点评，借助微信平台的语音功能让每位学生都有机会"说"英语。此外，教师还可以在微信公众号上推送一些地道的英语视听材料等，给学生提供更多的语音输入机会，使学生接触到更多的英美文化知识,帮助学生有效提升英语口语表达能力。微信将线下自主学习和线上交流有机结合,增加了学生的学习时间和语言输入输出的机会,有助于学生逐渐养成良好的口语学习习惯。

二、教学评价

针对英语口语混合式教学模式的教学评价,要采取一般性评价和终结性评价相结合的评价方式,且适当提高终结性评价占比。评价的形式包括学生自评、学生互评、教师评价三种。评价力求达到最大限度的公平、公正、客观,帮助学生更好地调控自己的学习进度,加强学生的学习意识,提升学生的自主学习能力和合作意识,增强学生的学习成就感,从而更好地鼓励学生主动花更多的时间去学习英语口语,促进学生英语口语表达能力的提升。

三、教学效果调查

在教学活动中,学生是最为直接的参与者,也是教学效果最直接的感受者。学生对教学内容、教学设计等都有自己的评价。教师制定的教学评价标准如果客观有效且整个过程安排合理(如采用匿名评价方式、整个评价覆盖面广等),那么教学的过程好坏就可以通过学生的评价高低反映出来。学生积极参与教学效果调查,其各方面的积极性也会随之提高,进而对学习产生积极影响。针对此次公共英语口语混合式教学模式的实践,笔者在课程结束后进行了问卷调查,调查内容包括:学生对学习效果的自我评价、混合式教学在英语口语能力提升方面起到的作用以及混合式教学设计的优化措施等。

调查结果显示,针对混合式教学的综合满意度,有 85％的学生表示,一是将课堂教学和线上资源进行有机结合,使得学习的时间和空间得到拓展,他们真正能做到随时随地学习英语;二是在课后他们有更多的机会去与教师、同学进行沟通和交流,口语练习时间明显增多,练习频率也明显提升;三是教师在每个单元列出学习任务清单,使得整个教学的计划性、指导性更强,他们的自主学习能力明显增强。其中,75％的学生表示,在实施混合式教学模式一学期之后,自己的口语表达能力和自信心明显提升;85％的学生认为,他们在之前的口语课堂上词汇量少、句型结构欠缺、英语表达困难,而实施混合式教学模式后,这些问题都很快得到了解决。教师在课前将相关的词汇、句型以及视频等资料发布给学生,他们在课前进行预习已掌握基本的语言知识,从而在课堂上面对复杂的知识点时,能够将这些已经掌握的基本语言知识作为基础进行学习,把更多的时间用于重点、难点的学习,从而将课堂效率提升上去。80％的学生表示,混合式教学模式采用小组合作学习方式,在很大程度上增强了他们的团队协作意识;82％的学生认为,教师在微信公众号平台发布英语文化知识,拓宽了他们的文化视野,语言输入也更加直观有效,加深了他们对西方风土人情及对西方人的思维方式的了解,为他们了解西方文化提供了帮助。

四、学生建议

此次调查,针对混合式教学模式,学生也提出了自己的看法。一是学生很喜欢每个单元紧扣主题的微视频,能够进行地道的语言输入。相比于文本文件,学生对视频资料的兴趣更大。希望教师在提供词汇和句型时能多以视频的形式展现,这样可以直接聆听和模仿,省去单词发音查阅的环节。二是部分学生表示学习压力较大,在课后还需要不断地练习,希望教师不要布置太多的学习作业。笔者将学生的建议作为参考,在后期的混合式教学模式应用中,对教学设计、教学内容等都进行适当的调整,以充分发挥微信公众号平台的作用,线上结合线下,在英语口语教学中更多地运用现代信息技术。总而言之,基于微信的中职公共英语混合式教学模式,教学设计具有科学性、合理性,教学活动多样化的特点,能够有效提升学生在学习方面的主动性、积极性以及自主学习能力。笔者将根据教学实践探索微信平台系统,将其更充分地与中职公共英语口语教学结合,让教学活动、教学内容更加科学、合理,为学生构建更高效的英语口语课堂。

第五章　中职英语混合式教学的专业应用实例

第一节　酒店专业英语教学

酒店英语不同于基础英语课程,其作为专门用途英语课程,兼有酒店专业基础知识及专业英语知识双重属性。现今中职酒店专业英语课程教学侧重理论教学,口语训练也仅仅是照本宣科,缺乏灵活应用;学生的英语表达能力差,难以理解酒店英语学习的目的与意义。这种传统、效率低下的课堂,使学生逐渐丧失学习酒店英语口语的兴趣。如何使中职酒店专业学生在专业英语课堂上学有兴趣、学有乐趣、学有所成,是笔者急于解决的现实难题。

新型教育教学模式以"线上＋线下"混合式教学模式为基础,线上课程平台延伸了传统教学的时间与空间,线下技能实训弥补了应用实践的不足。如何有效运用线上资源平台,提高教学吸引力,改变学生学习现状,激发他们的自主学习动力,从而达到其语言和技能双提升的目的,是专业教师研究的课题之一。

一、困境重重:中职酒店专业英语教学现状

1.课堂缺乏理论与实践的融合

中职酒店专业英语教师多由基础英语教师转任,往往没有企业工作经历,缺乏酒店专业技能,理论和实践难以结合。既懂酒店专业英语,又了解酒店专业基础知识的"双师型"教师少之又少,且不少中职酒店专业学生英语基础薄弱。在酒店专业英语课堂上,教师若依然按照以往英语学习的模式进行授课,则极易使学生对酒店英语的学习产生排斥和反感心理。

2.传统教材适用性差

专业英语内容较基础英语复杂且专业化。传统教材缺乏酒店英语

行业知识背景和酒店工作场景语言语境再现,难以体现对学生酒店实际工作所需技能的培养与训练。学生存在英语基础参差不齐、整体较弱的特点,传统教材难以满足对学生分层教学的需要。反复进行的听、说、练,不仅无法激发学生的学习动机,反而容易使其产生疲惫心理和厌倦情绪;脱离了工作情境的教学,不利于学生综合实践能力的培养。

3.考核评价体系单一

酒店英语是应用型语言课程,学生在职场环境下的英语应用能力是该课程的培养目标。而现今酒店英语课程的考核多为理论笔试和口语考试结合,难以提升学生在未来岗位中的工作与服务能力。单一的考核评价体系,失去酒店专业特色,学生提不起学习兴趣,也最终导致教学与学生需求、工作实际脱轨。

二、突围路径:SPOC混合教学模式与线下SOP教学模式相结合

1.SPOC教学模式

在SPOC(Small Private Online Course,小规模限制性在线课程)这个概念中,small(小)和private(限制性)是相对于MOOC中的massive(大型的)和open(开放式的)而言的。与MOOC相比,SPOC更加利于小班管理,注重课程的校本化,强化学习功能。在SPOC混合教学模式下,课程教学平台构建充分发挥了信息化学习环境的优势,是践行"三教"改革的重要突破口。

依托课程教学平台,校企合作搭建兼具专业能力、实践教学能力的师资团队。企业导师基于岗位需求,传授给学生最新的知识,多渠道参与教学,分享给学生一手的管理经验与服务案例。教师团队在培养学生职业技能的基础上,进一步培养其可持续发展的能力。数字化资源库的建设,打破传统教材知识本位的束缚,突出应用性和实践性。基于课程教学平台,教师模块化设计酒店英语教材内容,根据酒店专业学科特点和专业培养目标,以及学生不同的学习基础,分层次组合应用型主题课程资源。每个主题都贴近岗位,都围绕一个确定的应用性任务和相关的

语言知识展开,按照学生认知规律和工作过程,形成相互联系、辅助的学习链。课程教学平台通过资源、学习、互动、监控、评价和管理等教学要素的有机整合,智能管理学生的学习行为。学生在平台上进行学习、上课和互动的次数、时长以及作业完成的情况都可以被教师及时掌握,有助于教师统计和有效督学。同时,课后师生在线问答、互动讨论,拓展了学习的深度,提升了教学效率。平台数据化的记录,使过程性评价、增值性评价、综合性评价得以顺利开展。

2.SOP 课堂教学模式

SOP(Standard Operation Procedure,标准工作流程)课堂教学模式,把课文的"双角色对话"简化为以"服务员单角色"为导向的对话工作流程,让学生明晰专业知识与专业工作流程,更好地理解对话,提升学习效率。通过学生熟悉的酒店案例导入,解析工作流程知识,引导学生进一步迁移和掌握英语知识,从单词掌握到句子运用再转换成对话体验,帮助学生构建英语思维模式。SOP 课堂教学模式以岗位工作流程为载体,创设酒店情境,结合专业技能,提升学生的综合职业能力,真正实现"做中学、学中做"。

3.实践探索:中职酒店英语"SPOC＋SOP"混合教学模式的应用

中职酒店英语"SPOC＋SOP"混合教学模式,是基于课程平台将线上 SPOC 教学与线下情境化 SOP 课堂相结合的教学模式。对学情、教学内容、教学环境三方面进行分析后,依托立体化的课程平台资源建设,进行教学实施和三维评价。

(1)线上、线下分层精细化

通过学情分析,学生的知识水平、学习特点及专业情况都存在着不同的特点。因学生英语基础差异大,教师需要进行精细化分层,设计不同的任务,实施差异化教学,尽可能地将教学目标具体化。

经酒店英语综合摸底测试,将学生聚类分析,分为精英组、开拓组、勤奋组。根据学情,为不同基础的学生分层设计合适的学习目标。对三组学生布置不同的学案任务,学生通过 SPOC 线上平台课程资源进行自主学习,并完成测试题。通过平台反馈,教师根据学生掌握情况及时调整教学。

(2)课前、课后资源阶梯化

在 SPOC 教学模式下,教师可以借助网上丰富的资源,形成适合适用的阶梯化课程资源,以供学生课前自学、课后拓展之用。课前以酒店行业知识为背景引入,以岗位任务为依据再现工作场景,从词汇到句型再到对话,设计测试题,步步解析,以满足学生不同层次的学习要求。课后进行拓展,从智能口语测评到模拟工作情境对话,让每一个学生都能有所收获。

课程平台资源库使得酒店英语教学不再局限于教材内容,教师可以将酒店各个岗位的工作和内容系统分类,注重语言在实际工作场所的运用,适当降低学生学习的难度;为学生营造真实、生动、有效的练习情境,带动学生开口说英语,激发学生对酒店英语学习的兴趣,提升其口语能力。

(3)理论与实践一体教学情境化

在课堂教学中,教师应该是“课程的教授者、组织者及评价者”。教师根据课前教学平台反馈的共同易错点,有针对地答疑解惑;借助信息化手段,设计有针对性的教学活动,突出重点,突破难点;基于情境,让学生将所学内容进行体验式展示,并给予多维度评价。

中职学校的酒店专业一般配有专门实训教室,为学生创造真实的酒店环境。通过学生所熟悉的酒店专业知识,重建知识和经验的关联性与情境性,进一步引导学生迁移和掌握英语知识。例如,在“中西餐服务”这一模块的单词教学中,中餐、西餐实训室成了最佳课堂,学生可以边摆放实物边用英语介绍相关餐具。教师需要注意学生的形体,学生能否熟练自然地使用英语,真正做到理论与实践一体。这种角色扮演的学习方式,加强了学生的角色代入感,使学生可以感受到学习酒店英语的快乐,又贴近岗位实际,给了学生锻炼自己的机会,大大增强了学生的职业认同感。课后,教师可以根据学生的实际水平,强化训练;企业导师则根据学生模拟视频,进一步演示职场真实案例,提升学生对客服务技能,缩小课堂与职场的差距。

(4)增值评价考核多元化

酒店英语"SPOC+SOP"混合教学模式,使得多元化考核成为可能。平台记录全过程数据,帮助教师督学,生成形成性评价。线上学习社区的实时互动功能,极大地促进了师生评价、生生互评。此外,课堂角色模拟对话展示、岗位技能实践及英语演讲、理论测试、口语交际等,综合全面考查学生的知识与技能。多元化的考核评价体系,可以促使学生形成良好的学习习惯、积极参与知识的建构和重视技能展示与职业体验。例如,酒店英语考核评价由专业课教师和英语教师共同参与评定,主要考核学生能否用规范的语言和服务去完成各部门工作任务,以全面测试学生掌握的知识和专业技能。然而,因不同学生之间英语基础差异较大,考核不能只关注学生的各方面能力。对于学生来说,在一段时间内的学习变化,更能体现其收获。增值评价是关注学生进步和变化的评价体系,是一种发展性评价。这使得大部分原先英语基础较差的学生看到了希望,重塑了学习的信心。

三、基于 SOP 的中职酒店英语混合式教学模式设计实例

教师应该在学习之前设计有意义的学习活动作为触发事件;在学习过程中聆听学生的表达,并与学生进行对话交流;在学习后以活动为中心设计学生的课后作业。

1. 课程定位

在课程定位之前,通过调查研究发现,有将近三分之一的酒店工作人员表示很难与外国客人进行交流,只有很少的人认为自己可以无障碍交流。因此,我们将中职《酒店英语》定位于提升中职学生酒店英语听说应用能力的专业基础必修课程,并依据此定位结合调查结果进一步确定

教学内容。

2.教学内容

教学内容上我们更侧重于各个工作场景中的工作流程及重难点语句的学习,并模拟不同场景中的对话。将教学内容分为九个教学场景,即散客预订服务、团队预订服务、更改或取消预订服务、有预订客人的入住办理、无预订客人的入住办理、欧元兑换人民币服务、信用卡办理退宿、中餐服务、西餐服务,除第二、第三个场景以外,其他场景均需 4 个课时完成,第二、三个场景教学需 2 个课时完成,共计 32 个课时。

3.教学对象

本课程的教学对象是中职酒店管理专业学生。前期已经开设了《英语》《前厅服务与技能》《客房服务与技能》等课程,学生在专业知识和英语基础上都有了一定的积累,能够较容易地理解《饭店服务英语》中的专业名词,为之后的学习打下了基础。但有一部分学生的基础薄弱,教师在教学中要注意差异化教学。

4.教学目标

酒店英语以酒店内各个专业岗位的职场交际为课程目标,以培养学生在实际工作场景中运用英语听说能力为目的。经过课程的学习,学生能够熟悉使用英文为客人提供服务的规范服务流程,掌握不同场景下常用的重难点词汇、句型,为后续在酒店参加顶岗实习打下基础。

5.教学设计思路

教学设计过程紧密围绕客房预订服务的流程开展教学活动,教师在教学过程中是任务的协调者和组织者。以"第一章 Room Reservation(客房预订)"为例,确定工作场景为"Room Reservation on Telephone(客房电话预订服务)",并将服务流程细化为 6 个子项目,即问候客人、获取客人预订信息、查询房态、获取客人个人信息、确认预订、表达祝愿。以服务流程为主线,通过听说、跟读等方式让学生掌握服务流程中常用的英语语言及服务规范。组织学生循序渐进地进行词汇、句型以及模拟情景对话的练习。采用小组合作和角色扮演等方式完成情景对话模拟。最后,对项目进行总结,对表现优异的小组增加小组成员的蓝墨云班课经验值。课后,要求学生利用蓝墨云班课,通过发送语言、拍摄对话短视频等方式强化学习效果。

6.教学过程

根据工作流程分为课程引入、客房预订服务流程及常用语言学习、模拟情景对话练习、考核评价四个教学环节。

(1)课程引入

上课之前,将课程的介绍及本节课的工作场景简介发布在蓝墨云班课"教学资源"中。让学生预先了解客房预订服务相关知识点。将客房服务流程打乱并发布在蓝墨云班课的学习资源中,让学生通过小组讨论进行排序;并在每一个环节设置一个小的问题,教师引导学生将每一个环节的内容进行强化。这个环节主要让学生初步了解客房预订服务流程中的环节,为之后的场景模拟对话打下基础。

(2)客房预订服务流程及常用语言学习

课堂教学中,教师围绕每个服务流程,细化步骤,通过每个步骤中典型用语的跟读练习、典型小对话的练习,帮助学生建立起语言和场景的联系。

例如,场景二:询问客人信息。将询问客人信息细化为询问房间类型、询问到店及离店时间、询问订房人数三个小任务。教师展示经典句型,学生跟读,小组成员之间相互询问。

经典句型:What kind of room would you like to reserve? 请问需要预订哪一类型的房间?

What kind of room would you prefer? 您想要什么样的房间?

再拓展为小的对话练习:

R:What kind of room would you like,sir?

G:A double room. How much is the room?

R:135 US dollars. Is that OK?

学生通过角色扮演,练习该对话。教师要扮演客人提出拓展问题,学生利用网络资源,提出解决方法,并完成拓展任务的对话练习。教师在过程中可以提供语言点支撑。

（3）模拟情景对话练习

在模拟情景对话练习中，按照词汇、句型、对话的顺序，循序渐进地掌握常用语言，并达到灵活处理对话情景的目的。

首先，将学生分组并进行比赛，根据 PPT 中显示的问题或者中文单词，学生将对应的英文表达说出来，说出正确且表达多的一组给予奖励。

其次，教师说出客人的回答，学生根据回答说出相应的问题。例如：教师说：For four nights. 学生需要说出：How long will you plan to stay?

教师准备不同情景要求并线上发布任务。不同小组根据抽到的情景任务编写对话，通过角色扮演参与到客房预订服务的整个过程。教师负责对话编写的监督和指导。

最后，将整个服务流程串联起来，根据给定的信息，让学生完成一个独立的工作场景对话。教学设计过程将一个完整的工作场景划分成容易操练的具体任务，每一个任务都有典型句型和对话作为语言点支撑，学生通过词汇、句型和对话分步练习，将重难点化解在模拟场景练习中。

（4）考核评价

教师和学生共同参与考核，将模拟对话练习中的任务发布在蓝墨云班课中，学生小组之间互相评价，小组内的成员相互评价，对于完成较好的小组给予鼓励和平时成绩的奖励。借助蓝墨云班课平台，将本课程所学的词汇、常用句型和短对话进行测验，拓展了评价的时间和空间，学生之间可以相互评价。另外利用蓝墨云班课及 QQ 学习群让学生晒出自己录制的对话视频，增强学生的学习兴趣。

7.教学总结

本课程教学设计是基于 SOP 的职业英语项目化课程教学理念，紧紧围绕服务流程，建立学生工作流程和语言点的联系，让学生能够快速反应出每个场景中的对话内容。以学生模仿句型和练习场景对话为主，教师讲授为辅，借助蓝墨云班课、QQ 群等信息化手段，完成了知识、技能一体化的线上线下混合式教学。课后学生通过录制视频、音频等方式拓展了学生的学习时间,也增加了学生的学习兴趣,学生的知识和技能都有所提升,教学效果良好。总体而言,以 SOP 为导向的混合式教学模式能够适用于中职院校学生的学习水平,并能够激发学生主动学习的兴趣,是值得继续探索的教学模式。

第二节　商务英语专业英语教学

商务英语听说是中职商务英语专业的专业核心课程。课程的总体目标是培养学生在国际商务活动中的沟通和交流能力。与其他英语专业课程相比,该课程侧重学生听说技能的提升。然而,商务英语专业学生英语基础水平参差不齐,中考英语成绩分布在不同的分数段。课程通常每周只有两课时,而且经常大班教学,教师在有限的课堂教学时间内难以兼顾各个层次学生的听说训练效果。

传统听说课通常分为三个步骤:听前、听中、听后。听前是让学生学习词汇和句型,为听做好准备;听中是教师播放音频数次,引导学生完成练习,并分析有用词句;听后是创编对话,通过"说"来体现教学效果。这种模式往往导致基础好的学生"吃不饱",基础薄弱的学生"吃不了"。基础好的学生大多时候听一遍就基本理解了,短时间内就完成了练习。基础薄弱的学生即使听了数遍,依然是一知半解,最终只能依赖文本的解读来理解听力材料。长此以往,班级英语听说水平呈现两极分化趋势,部分学生失去学习兴趣,长期的挫败感难以培养学生的学习自信心。

如何激发学生的学习动机,降低基础薄弱学生的学习焦虑,让不同层次的学生学有所获?现在可以通过混合式教学,从课前学习任务着手,把 ARCS 动机模型理论应用到课前学习任务设计中,旨在激发学生的学习动机和兴趣,增强学生的学习自信心,为课中教学做好铺垫,提高课中听说训练的有效性,逐步培养学生自主学习能力。

一、ARCS 动机模型

1983 年美国佛罗里达州立大学的心理学教授约翰·M.凯勒提出

了动机模型四要素:兴趣、关联、期望和满意。在1987年,他对这一模型进行了修正,形成最终的 ARCS 动机模型。其中,A 代表注意力(Attention),即教学设计要引起学习者的注意,激发学习者的学习兴趣和好奇心;R 代表相关性(Relevance),即教学必须与学习者的个人需要或学习目标有联系;C 代表自信心(Confidence),即帮助学习者树立信心克服困难,通过努力取得成功;S 代表满足感(Satisfaction),即学习者通过努力完成学习任务,实现学习目标,从而在心理上得到的一种满足和喜悦。

在我国,近年来 ARCS 动机模型被广泛运用到各个学科教学中以激发学生学习动机,显示出该理论强大的生命力。

二、基于 ARCS 动机模型的混合式教学

线上课前学习任务是混合式教学的重要组成部分。下面笔者将以外语教学与研究出版社出版的《商务英语视听说》教学内容为例,说明 ARCS 动机模型理论在课前学习任务设计中的应用。

1. 以问题为导向,增强文本可视化程度

吸引学生的注意力要引发学生注意。在内容的呈现上教师可以使用图片、图表、音频、视频或微课等形式,刺激学生的视觉和听觉,满足学生不同学习风格的需要。要维持学生的注意力,教师可以因势利导提出一些问题,以头脑风暴或讨论的形式,激发学生的好奇心和求知欲。如:在"Unit 1　Job Interview"课前学习任务设计中,可以发布两个关于面试的视频到网络教学平台,要求学生观看,了解面试流程。利用视频吸引学生的注意力,自然引入主题。另外,笔者还设计了头脑风暴活动:What should you prepare for a job interview?(面试前要做什么准备?)要求学生把想法发送到网络平台上,由此激发学生思考,维持学生的注意力。又如:在"Unit 3　At the Airport"课前学习任务设计中,鉴于不是所有学生都有乘坐飞机的经历,尤其是国际航班,为了让学生更好地理解词汇,例如:first class(头等舱)、business class(商务舱)、economy class(经济舱)、aisle(过道)、boarding pass(登机证)等,可以把配以中英

文介绍的飞机座位结构图和国际航班登机证,以资源形式推送到网络学习平台,文本可视化使得学习内容更加直观生动,吸引学生的注意力,且便于理解和记忆。此外,在"Unit 5 At the Restaurant"课前学习任务设计中,可以给学生呈现一幅西餐餐具摆设图,图中不要有任何说明,要求学生观察,并尝试写出每一种餐具的名称和用途。任务激发了学生的好奇心,他们积极开展讨论或上网搜寻答案。这不但可以吸引学生的注意力,还锻炼了他们协作学习和利用互联网辅助学习的能力。

2.满足学生需要,贴近学生生活

增强学习内容的相关性,学生学东西的时候会很实际,会关心这个知识有没有用,这个知识和他之前的生活和经历有没有关系。因此,相关性可以从两个方面着手:一方面是跟学生已有知识或已有经验进行关联;另一方面指导学生把新学的知识和实际问题相关联。让学生觉得所学的知识有用,这样就能产生学习兴趣。如:在"Unit 2 Making Business Calls"课前任务设计中,笔者推送了关于打电话的视频资源,让学生回顾日常的打电话用语,为课中学习商务电话用语做好准备,温故而知新。又如:在"Unit 5 At the Restaurant"课前学习任务设计中,笔者开展了三个线上讨论活动:(1)Do you like having meals at restaurant? Why or why not? (你喜欢外出就餐吗? 为什么?)(2)Which do you prefer, Chinese food or western food? Why? (你喜欢中餐还是西餐? 为什么?)(3)What are the most famous cuisines in China? (中国有哪些名菜?)俗话说:"民以食为天。"从学生的日常生活出发,透过中西餐对比引入商务餐饮主题学习;通过了解中国名菜,增强民族自豪感,在商务餐饮活动中向外国宾客讲好中国餐饮故事。这些讨论的话题与学生息息相关,能够激发他们的学习动机。

3.创造成功机会,引导正确归因,培养学习自信心

布置太简单的学习任务,学生不感兴趣;布置太难的任务,学生也不感兴趣。教师在设计活动时应充分考虑学生的现有水平,设计难度适中的活动,刺激学生的"最近发展区",也可以设计不同层次难度的任务供

学生选择。让学生觉得只要经过努力,就能够达成目标。另外,教师要适时给予支持,提供一些支架,学生无论是成功还是失败,都要设法引导其正确归因。针对学校商务英语专业学生英语水平参差不齐的状况,笔者认为可以利用课前学习任务解决单元词汇学习。以下是利用网络学习平台实施的三个步骤:(1)发布词汇音频资源,要求学生模仿朗读;(2)创建作业,要求学生录制词汇朗读音频并在规定时间内上传;(3)设置词汇小测,要求学生学习词汇后参与小测(一般10题)。如:请根据上下文选出与画线词汇意思一致的中文解释,例如:We tried to call you back but you were engaged. A. 忙碌着;B. 已订婚;C. 电话占线的。正确答案为 C。由此可见,教师发布词汇音频,为学生学习提供了支架,便于不同层次的学生进行个性化学习。录音有助于强化所学词汇,小测有助于学生检查自身学习效果。网络平台记录着学生是否浏览了资源,是否上传了录音,是否参与了小测,以及小测结果统计(包括用时和成绩)。对于学生的录音作业质量问题和小测结果,教师可以通过网络平台的评论区跟学生进行个别沟通并给予有针对性的指导。教师也可以把小测规则设置为"三次机会、乱序、取最高分",给学生创造成功的机会,提高基础薄弱学生的自信心。除了词汇学习,学生的口语作品创作有时也需要教师的辅助,如:"Unit 8 Company Presentation"和"Unit 9 Product Presentation"要求学生进行公司和产品介绍,这两个话题学生相对陌生,尤其是介绍的流程和用语。笔者课前给学生提供了多个视频材料,如公司简介、商品广告短片、电话推销产品场景、产品发布会等,让学生从感官上了解介绍的流程、突出公司或产品亮点的方式方法、解说时身体语言的正确使用等,结合教材的重点词句,逐步形成具有自身风格的解说稿和口语作品,增强了学生在课中展示作品的自信心。此外,对于学生课前学习任务的完成情况,教师在课中应加以点评,如:展示和分析优秀的录音或视频作品,表扬取得进步的学生,让学生分享心得体会等,从而引导学生把成功归因于不断的努力和尝试,增强他们的学习自信心。

4. 及时反馈，合理评价，让学生获得满足感

学生在完成学习任务后，如果能学到新的知识，满足自己的求知欲，且得到公正客观的评价，那么他的学习满意度就会得到提升。因此，教师在设计课前学习任务时，应根据学生的实际水平和现实状况，制定难易适中的教学目标，开展合适的教学活动，从而提高学生对自身学习的满意度，收获更好的教学效果。另外，针对每一项学习任务，应设定相应的评价方式和标准。利用网络平台开展的课前学习活动，可以给每一项活动赋分，只要学生参与了，就可以得到相应的分数。教师还可以通过"点赞"和"加分"，对作业质量优秀的学生加以"奖励"。当然，加分的规则也应在任务布置时预先说明。这样可以激发学生的学习积极性，让学生争取把任务完成得更出色，获得更大的满足感。如：在"Unit 1　Job Interview"第二次课前学习任务设计中，笔者要求学生在观看了三段工作面试视频后，归纳出面试中常被问及的问题，完成该项活动可得 3 分。写出五个或五个以上问题者，再加 3 分。学生根据要求，在观看视频时自然关注了面试的提问。为了完成任务，学生会反复观看，做好笔记，为了获得奖励，学生会争取记录所有问题。最终，学生通过努力达到教学目的，获得自己所预期的奖励，从而获得极大的满足感。

总之，ARCS 动机模型在混合式教学课前学习任务设计中取得了很好的应用效果。首先，拓展了教学时空，加强了师生互动。课前学习任务的设计和落实，为师生争取了更多时间和空间进行互动和交流。基于ARCS 动机理论的学习任务激发了学生的学习兴趣，使得线上线下教学得以顺利衔接。师生课外互动延缓了学生的遗忘速度，使得每周两课时的教学活动得以环环相扣。其次，满足了学生个性化学习需求。基于ARCS 动机理论的学习任务能够吸引和保持学生的专注力。教师课前利用网络平台推送学习资源和发布任务，让学生有充足时间并根据自身水平进行个性化学习。再次，增强了学生的英语学习自信心。难度适中的任务，"脚手架"的搭建，有助于学生通过努力克服困难，逐一完成学习任务。及时的反馈和合理的归因促使学生反思学习过程，建立自信。课

前的充分准备也让学生更有信心应对课中的听说训练。最后,学生借助教师提供的资源和学法指导,逐步形成自主学习意识,找到适合自己的自主学习方法。

所以,基于 ARCS 动机模型理论的混合式教学课前学习任务设计,能让教师充分考虑学生的实际情况,从学生的学习动机出发,运用信息技术,设计出吸引学生注意力、与学生的需求相关、促进自信心形成及让学生获得满足感的学习任务,从而激发并维持学生的学习动机,逐步提高自主学习能力,实现信息技术与教育教学的融合创新,增强英语教学实效性。

第三节　医学专业英语教学

一、中职医学生学习医学英语的必要性和重要性

外语能力是衡量医护人员素质和专业水平的一个重要方面,特别是在经济全球化和我国对外开放不断发展的新形势下,对医护人员的外语能力提出了更高的要求。同时,掌握必要的医学英语知识以及培养学生自主学习医学英语的能力对其适应岗位工作和职业生涯发展都有重要的推动作用。

二、中职医学英语教学现状

1. 缺乏满足中职医学生需求的教材

由于现有医学英语教材内容涵盖面广,理论性强,难度大,中职医学生学习起来感觉比较吃力。加之很多医学英语教程以阅读文献为主,忽略了听说等技能的训练,难以达到培养学生用英语交流的目的。中职英语教育应坚持"以应用为目的,实用为主,够用为度"的方针,于是很多院校都在编写适合中职医学生使用的医学英语教材。

2. 以教师为中心,不注重实际应用能力培养

目前医学英语教学仍以教师课堂讲授为主,而且多将其设为选修

课。通常每班班额非常大,上课时基本是教师讲,学生做笔记。学生只是死记硬背地应付考试,导致其毕业后在工作中遇到外籍病人或与英语有关的问题时不能自己独立解决,缺乏实际应用英语的能力。

3.师资力量薄弱

师资力量也是制约医学英语教学质量提高的一个重要因素。目前从事医学英语教学的教师多是英语专业毕业生,缺乏医学专业知识,教学只停留在单词学习——阅读理解——语言点分析阶段。近年来,医学英语专业毕业的教师逐年增多,确实缓解了医学英语教学压力,但是他们没有足够的医学理论知识和临床实践经验,仍需学习和磨炼才能胜任医学英语教学工作。

4.医学英语课时不足

中职医学生课程多、课时紧,学生学习负担较重,若在公共英语的基础上增加医学英语课时,会超出课时总量,影响学生对医学专业课程的学习,这使得医学英语教学的开展处于两难境地。

三、混合式中职医学英语教学模式的探索

1.混合式医学英语教学模式

伴随着数字化校园建设的不断发展,混合式教学也成为国内教学改革的重要内容。研究表明,与单纯的课堂教学或者网络课程相比,混合式教学的学习效果最为明显和有效。混合式医学英语教学就是把混合式教学应用到医学英语教学当中,利用网络环境对传统的医学英语教学进行改革,把课堂教学和网络课程的学习有机结合起来。课前,教师先把该课程的背景知识以及需要学习的知识放到网络学习平台上,再给学生提供网站和纸质材料供学生预习,使学生明确学习内容和目标,提高学习效率和主动性。课堂上,除了适当讲解重点、难点外,主要通过小测验、游戏和比赛等形式检查学生对知识的掌握程度。课后,学生继续登录网络学习平台完成在线练习和测试,并学习网络学习平台提供的医学英语知识,以扩大知识面。

2.具体教学实施

(1)开发基于 SOP 的医学英语课程

我校医学英语采用的混合式教学模式不是把课堂教学和网络课程简单结合,而是对传统的医学英语教学形式和方法进行改革,自编教材,开发一门基于工作过程的医学英语课程。

本课程的目标是培养学生的英语应用能力,即学生在日常生活、工作中基本的英语交流能力并最终能以英语为工具解决问题的能力。选用的教学内容、知识载体要紧密结合医疗卫生行业和岗位实际需求。通过对医疗机构的问卷调查,分析岗位需求,找出日常工作过程中的典型工作任务或常见的工作需求,将其整合成教学任务,编写相关教学文本材料。通过创设场景和组织教学活动,为学生提供使用英语的机会,培养其英语应用能力。

首先,教学内容。通过对医护人员的问卷调查整理出本课程的八大典型工作任务,即用英文撰写医院及各科室简介、撰写英文广告(推介及招聘)、学习常见病的英语单词、掌握医学单词的基本构词法、读懂药品英文说明书和读懂进口仪器使用说明书、使用英语进行医患交流、使用英语交接班以及撰写论文的英文摘要。

其次,教学方法。将以教师为主体的灌输式教学转变为以学生为主体的任务导向式教学。围绕中职培养技能型专业人才的目标,采取灵活多样的教学方法,将教、学、做有机结合。常用的教学方法有以下 4 种:

TBL(Team-Based Learning)教学法:将全班学生分为 10 人一组,教师提前确定教学内容和要点,学生根据教学内容和要点进行课前阅读和准备,课堂活动以任务为驱动,通过游戏、小组讨论、小组比赛等形式展开。

情景教学法:通过文字描绘,创设形象生动的场景,师生进行情景交融的教学活动。

任务教学法:以任务组织教学,在任务的完成过程中,采用参与、体验、互动、交流、合作的学习方式,充分发挥学生的认知能力,调动其已有的英语语言资源,使其在实践中感知、认识和应用英语。

交际法:通过创设情景、模拟对话,提高学生英语实际运用能力。

最后,考核。由期末考试成绩和平时成绩组成。平时成绩根据学生平时表现和考勤打分。由于课程以团队式学习为主,因此学生的平时表现不仅由教师打分,还由其所在小组成员、组长打分组成。

(2)学习基于 Moodle 的医学英语网络课程

学生在课堂学习以外还可登录 Moodle 平台,在教师的监督和指导下,完成英语学习。Moodle 平台上开设有医学英语基础、专业英语、职称英语 3 门课程。每门课程有相应的子课程,学生可根据自己的专业以及需要选择课程,灵活控制学习进度,是一种个性化的学习。此外,学生在第三学年顶岗实习期间,仍可以通过远程医学英语网络课程不间断地学习英语。

通过学习网络课程,学生的学习兴趣、动机明显增强。

四、混合式医学英语教学模式的应用价值

首先,具有行业性、实用性和针对性。混合式医学英语教学模式贯彻了"以应用为目的,实用为主,够用为度"的教育方针,从用人单位对毕业生英语应用能力的需求以及英语在医护人员职业生涯中的重要性两方面进行设计。通过本课程的学习,学生明确了将来的工作岗位对英语能力的要求,从而产生英语学习兴趣,认识到医学英语的重要性,为成为职业型医疗卫生人才打下基础。

其次,引领了教学方法的改革。在校期间教师采取 TBL 教学法与基于 Moodle 的医学英语网络课程结合的混合式教学,学生可以在课堂上学到医学英语知识,课外登录网络学习平台进行课程学习。这样,学生可打好医学英语基础,掌握学习方法,以适应第三学年的完全网络自主学习。

最后,培养了学生自主学习能力和可持续发展能力。由于学生在校

期间已具有自主学习能力,因此离校实习期间甚至毕业参加工作以后,仍然可以通过远程网络课程不间断地学习英语。学习监控系统可以有效监督学生的学习情况,提高学生学习的动力和自觉性。因此,学生可以自主安排学习时间,进行个性化学习,以良好的英语水平和学习状态解决工作中遇到的与英语相关的问题。

总之,混合式医学英语教学以学生为中心,可提高学生课堂参与度,开展个性化学习,提高教学效率。通过混合式医学英语学习,学生既掌握了必要的医学英语知识,又培养了自主学习能力和可持续发展能力,为将来职业生涯发展奠定基础。

第四节　旅游专业英语教学

当前,随着中职教育改革的深入发展,在旅游英语课程教学中,传统的教学模式暴露出了越来越多的不足,教师的教学模式以及教学方法亟待改进。为了帮助学生更好地学习英语知识,提升学生的旅游专业综合素养,使他们在将来走上工作岗位后能够更好地为游客服务,建立科学合理有效的教学评价体系迫在眉睫。因为,教学评价是检验学生学习成果、帮助教师深入了解自身在教学中存在的缺点与不足的有效手段。而混合式教学评价体系能够更加科学客观地评估学生的学习情况,做出更加理性的判断,帮助教师不断地调整和优化教学模式,加强师生之间交流互动,调动学生学习的积极性。

一、中职旅游英语课程混合式教学评价体系的构建原则

旅游英语课程混合式教学评价体系的构建不能盲目开展,必须要遵循一定的原则。

首先,要保证评价标准差异化。学生并非流水线上的产品,在学习的过程中,他们有着自己的独特见解,学生对于知识的理解认识也各有差异,如果教师在构建评价体系时,不能落实标准差异化,那么最终所培养出来的旅游英语人才将会严重同质化,学生的能力也难以得到有效的

凸显。因此,在构建评价体系时,不仅要保证教学目标的顺利实现,同时还要充分强调因材施教,促进学生的全方位发展。

其次,要保证评价主体多元化。在过去的中职旅游英语课程教学评价中,基本上都是由教师充当评价的主体,学生只是被动地接受教师的评价,这种评价模式比较单一,难以真正地反映出教师的教学情况。在混合式教学评价体系构建过程中,对评价主体提出了新的要求,必须要建立多元评价主体的双向评价或者是多元评价,如可以同时实施学生自评、学生互评以及教师评价,借助多元化的评价模式加强师生交流互动,真实地反馈教育教学情况。

最后,评价应当充分地调动学生的学习主动性。学生是课堂教学的主体,混合式教学评价体系构建的真正目的也是为了更好地帮助学生学习旅游英语知识,因此在评价体系构建时,教师还应当思考自身所创建的评价体系是否能够调动学生的学习积极性,使他们感受到英语学习的魅力。

二、中职旅游英语课程混合式教学评价体系的评价方式

过去,评价学生时常常以终结性评价为主,也就是以学生某个时期的技能掌握程度或学习成果为评价重点来评价学生的学习过程。这种单一的评价方式会导致学生在学习过程中缺少足够的监督、激励及调控,而且学生在学习过程中得不到老师及时的指导及信息反馈,从而对学习提不起兴趣。

通过现代化信息技术,中职旅游英语课混合式教学模式对学生在网络平台的学习日志及记录进行充分利用,在评价过程中以学生的线上学习过程为评价指标。此外,教师在学习平台上进行数据分析也能够第一时间发现学生在学习过程中遇到的问题,在此基础上,才能有代表性地与其进行线上讨论互动及在线下对其有针对性指导,提出相应的整改举措或建议,协助学生持续提高自己的学习效率,规避不良学习习惯。

在中职旅游英语课的评价过程中应采用线上评价及线下评价有机结合的模式。线上评价覆盖了学生网络学习流程,线下评价则由小组讨论、期中测试及期末测试等构成,这样的考核方式促使老师的教学活动更加规范统一,而且能够提高中职学生的创新能力及创新精神。

三、中职旅游英语课程混合式教学评价体系的评价内容

1.线上学习评价

线上学习学生是学习的主体,教师应给予其适当的帮助与引导,并持续丰富自身的教学知识,建立独立的知识系统。作为学生,理应拥有较好的信息技术修养,借助网络渠道进行知识的学习与获取。在中职旅游英语知识学习的过程中,学生应改变以往的被动学习状态。应按照自身的知识经验不断探索,重新构建知识体系。中职旅游英语课堂混合式教学可通过网络教学平台进行,其中最关键的一个构成环节就是使用网络学习资源。中职旅游英语课程组的任课教师可按照混合式教学要求,对中职旅游英语网络课程资源进行合理的规划与设计,在中职旅游英语网络教学平台上可以上传以下资源:课程视频、测试题目、章节练习及实验内容等。课程视频可以是旅游英语知识讲解、重点难点知识剖析、情景演示的相关素材。测试题目和章节练习均应是和旅游岗位相关的知识点或情景对话练习。学生通过电脑或手机登录网络教学系统,如:MOOC平台、蓝墨云班课,根据个人的知识能力、学习经验、学习习惯及风格,按照教学计划观看课程视频并按时完成教师交代的课程作业,完成章节学习后在线测试自己的学习情况。在网络学习中,当学生心存疑惑或遇到难以解决的问题时,可利用各种网络社交工具,如:QQ、微信、微博、学习社区、学习交流平台等去探讨疑难问题或分享自己的学习心得。由于在混合式教学过程中,教学内容多样、学生学习手段不一、进度不同,因此,评价中职旅游英语学生的线上学习情况通常可从如下因素着手:学生的视频播放观看次数、平台登录次数、发帖回帖次数与质量、线上成绩测试情况等。评价内容主要是蓝墨云班课中学生的登录次数、

观看视频次数、参与教学活动次数、查阅教学资源或云教材次数、参与讨论次数、获赞次数、学生有没有按要求对网络课程教学视频进行观看并回答问题、云平台上的测试成绩、网络平台上学生与教师的互动质量及频率等。

2. 课堂教学评价

混合教学活动的监督者、组织者及引导者就是教师,在中职旅游英语课堂混合式教学质量的提高过程中,教师的教学水平、态度及方法等发挥着巨大作用。旅游英语课程的授课教师应及时调整教学理念,提高自身的信息技术能力,通过现代化信息技术及教育理念,基于当前的网络环境去设计符合中职教育和 ESP 专门用途英语特点的中职旅游英语课堂混合式教学活动并加以分析,在实施混合式教学时不断积累更多的经验,以此满足时代发展的教学要求。

在中职旅游英语线下课堂教学中,教师需按照网络教学中学生的学习进度及学习情况展开数据分析,了解学生的学习态度、行为及成效,从而使课堂教学更具有针对性。在中职旅游英语线下课堂中,教师可根据学生在学习过程中经常会遇到的疑难点进行统一讲解,如:机场迎客过程中的基本步骤,景点导游词写作及讲解方法,沿途讲解的基本要素和注意事项等。总之,要针对旅游英语课程的重点、难点及出错频率最高的问题进行重点讲解,使学生的疑虑尽释。在课堂教学上,教师也可根据教学内容把相关问题提出来,引导学生独立思考,共同探讨,积极互动,从而将自己的创新思维有效发挥出来,并提出个人建议与个人方法。教师可按照课程情况安排学生的课堂实验或作业,并要求学生必须在下课前完成并上交。当学生完成一个模块的学习后,教师可通过云平台上的测试题综合评估学生的学习情况,以此掌握学生的学习效率及成果。

按照上述分析可知,教师的课堂教学情况、模块测验、师生互动情况、课堂作业的完成情况及小组成员的互动情况就是评价教学质量的关键要素。因此,旅游英语课程应该设计的详细评价内容就是:学生在课堂教学活动中的表现情况;在课堂教学中师生互动情况;小组成员在课堂学习中的交流情况;学生是否按照要求完成课堂上教师布置的教学任务;在课堂上测试学生的课程学习效果。

3.学习资源评价

在中职旅游英语课堂混合式教学中,关键的环节之一就是学生的线上自主学习。学生的学习成效及课程教学质量取决于线上所建设的学习资源。所以,评价中职旅游英语课堂混合式教学质量既覆盖了传统教学评价对学生学习能力及教师教学质量的评价,又覆盖了对网络教学资源的评价。基于此,教师不但要对学生的学习需求进行研究探讨,又要根据学生的学习习惯科学安排教学内容,使网络教学平台拥有足够的教学资源。任课教师应按照教学目标及内容去编制教学计划,确定数字媒体编辑设计方式,进行媒体素材收集与汇总。通过各种屏幕录制软件或视频编辑软件等进行处理,如:卡塔莎工作室等进行微课视频的录制。微课视频内容应以课程章节的某个知识点为主,尽量做到内容精简,画面清晰流畅,进而帮助学生集中注意力,使其在短时间内能够熟悉相关的教学内容。在电子课件的制作中,通常以 Power Point、Flash 等为主,将不同的媒体素材,如:文字、影像、图形、动画、图像及声音等展开集成,互相结合并形成一个整体。除此之外,网络平台上应配备大量的教学案例、实验内容及练习题库、综合类设计作品等。对于学生来说,网络教学平台上各种形式、内容生动的课程教学资源能够在一定程度上提高他们的学习成效。

综上所述,课程视频资源、实验资源及电子课件等就是评价网络平台教学资源的重要因素。详细来说,即网络平台教学内容、课程视频录制的数量及质量;网络平台上教师编制的电子课件质量;教师是否通过网络平台为学生提供大量的实验资源及足够的案例分析等。

四、中职旅游英语课堂混合式教学评价体系的构建策略

1.制定差异化的评价标准

在传统的旅游英语课堂上,教师为了能够完成教学大纲规定的任务,往往会设置一致的教学目标,这种目标的设置看似能够督促学生发展。但实际上往往忽视了学生之间存在的差异,没有真正地因材施教,教学效果并不是十分理想。因此,在构建混合式教学评价体系时,教师必须要深入到学生群体之中,了解学生的兴趣爱好、能力水平等,然后在此基础之上,结合不同层级的学生制定有差异的学习评价目标,激发学生学习的内在动力,保证评价的合理性。

2.细化教学评价指标

当前关于旅游英语的教学评价指标显得比较笼统,比如说,培养学生的"听、说、读、写"能力,但是培养的是哪方面的"听、说、读、写"能力,却没有做出细致的说明,这样就会显得大而化之。混合式评价体系的构建,就是为了保证评价的多样化,希望能够借助教学评价体系,全方位地掌握学生学习情况,因此细化教学评价指标是极其有必要的。在具体的教学中,教师应当从学习态度、知识、能力等多个维度全方位地评价学生,时刻关注学生在不同的学习阶段知识能力水平发生的变化。可以综合卷面评价、口头评价以及学生自评等多种评价模式,全面彻底地反映教学信息,及时地调整学生在学习过程中存在的缺陷,发挥混合式教学评价体系的积极作用。

3.将创新人才培养纳入评价体系

随着我国旅游业的不断发展,旅游业所面临的形势和需求也在不断变化,固化的书本知识未必能应对现实中不断出现的新问题和新挑战。所以,企业在招聘旅游英语专业人才时,对于创新型人才也格外关注。中职旅游英语专业就是为社会输送专业优质人才的,其一系列教学活动的实施也应当充分契合企业的需求。因此,在构建混合式教学评价体系时,还需要将创新型人才培养纳入其中,多视角地了解学生情况,结合专业特点调动学生的学习积极性,在提升学生的旅游英语综合素养的基础上,积极培养学生的创新能力。

4.构建以目标为导向的多元立体教学评价体系

旅游管理专业每个学生需要实现的教学目标有所差异,要想通过传统的评价模式科学评价学生的学习能力并不容易。因此,以目标为主,构建多元立体教学评价模式就至关重要。所谓多元立体,其实是指对旅游英语课程混合式教学评价的主体、内容及标准均实现多元化。

第一,必须革新传统的以教师评价学生为主体的模式,将其调整为多主体的综合评价系统,如:教师与学生、学生与学生、学生自我评价等。在此期间,学生占据主动地位。评价个人或他人的学习情况,能够让学生反思自我,并形成一种积极向上的学习气氛。第二,传统的"一试定终身"的评价方式必须进行全面整改,提倡评价内容多元化,如:进行多角度动态化评价,包括课前预习、课堂上的表现与参与热情、课后作业的完成情况、线上学习情况、课后的自我管理情况及拓展学习情况等。每一项学习活动均属于考核内容,以此使学生养成良好的学习习惯,改变以往临考功利性的学习习惯,能够持之以恒地学习。第三是多元化的评价标准。每一个学生的起点水平及学习基础都大相径庭。传统单一的学习标准难以科学评价每个学生的学习质量。因此,在设计考核标准时必须因人而异,留意每个学生的学习个性,使更多学生重视个人学习与成长。只要学生的学习成绩有所提高,就值得鼓励。一个 C 级学生上升到 B 级,与一个 B 级学生上升到 A 级同样无差异,同样优秀,远远优于一个由 A 级下降到 B 级的学生。

教学效果的提高自然离不开教学评价的调控功能,只有教师根据上一轮的教学评价反馈信息,对下一轮教学方案进行适当优化,教学评价才能够有效促进教学质量的提高。旅游英语课程混合式教学评价是为了优化现有的教学方式方法,强化教师的教学能力与学生的学习能力,凸显教学成效。为了实现这个目标,中职旅游英语课堂混合式教学评价应该根据每个学生的学习情况设定个性化的教学目标,制定差异化的评价标准,细化教学评价指标,将对创新人才的培养纳入课程评价体系,采用多元立体的教学评价体系,进而推动旅游英语课堂的改革,切实提高教学质量。

第五节　民航专业英语教学

　　在混合式教学模式下,需要将民航乘务课程内容进行整合,从而使学生能够更好地适应社会需求。教师可以根据民航企业人才实际需求来对中职乘务英语课程的实际内容进行模块重组,形成以提升综合应用能力为主要目标的实践教学体系。考虑到目前空中乘务行业需要复合型人才的需求,教师需要将多门专业课程融入中职乘务英语课程内容中,比如《民航服务沟通技巧》《民航客舱服务与管理》《客舱安全与应急处置》《职业形象塑造》等,使得学生能够在民航岗位的实际需求下对空中乘务工作过程进行了解,使得学生对空中乘务职业角色的适应性加强。除此之外,角色还需要对教学计划进行重新构建,以此来建立起与混合式教学相契合的教学方案,同时还需要对中职乘务英语课程的知识点进行重新设计,规范课程制定标准,使得学生能够代入到角色当中,从而能够对空中乘务的职业导向以及职业目标有清楚的了解,进而为学生的深入发展提供平台。

　　在混合式教学模式下,需要整合课程资源库来对独立素材进行开发。就目前而言,中职空中乘务专业缺乏足够多的专业教材,并且素材内容的质量也参差不齐,所以教师需要不断挖掘课程资源。在信息技术背景下,课程资源可以从微课、音频、作业库、PPT、试题库等方面进行开发,如果存在音频材料不完全或者比较稀缺的情况,教师应当自己对相应的音频材料进行录制,从而使得学生能够随时参考与学习;如果学生存在口语上的问题,教师则需要利用PPT来对学生进行口语专项教学。这种根据学生特点来对教学难度、教学内容进行调整的方法,能够更好地实现教学目标。

　　实现教学手段与教学评价的多样化。在混合式教学模式中,需要通过多样化的评价方式来提高学生的学习兴趣与热情,使得学生的考试准入门槛降低,同时能够帮助学生克服心理上对于英语学习的畏难感。为了不让英语在中职乘务中变成"哑巴"英语,教师在考核过程中,还需要增加口语考核的比例,加强学生客舱服务口语的能力,从而使学生能够利用规范的英语来解决专业问题。

基于混合式教学有效性提升的应用策略主要从四个方面展开,即课前准备、课中实施、成绩评定、实施效果。

1.课前准备

教师在课前将各类课件、标准、案例、试题库、素材库等教学资源进行准备,然后确定课程在线开发平台,将准备好的资源上传,并确认学生的答疑社区、讨论模块等。针对这方面,中职乘务英语课程首先需要对空中乘务员的典型工作岗位任务进行相应的分析,根据乘务员飞行的四个阶段来利用工作过程对其进行引导,并通过任务驱动法来展开相应教学。对教学理念进行明确,课程的设计需要面向岗位群,教学的主线需要以工作实践为基础,教学的核心是对学生的职业素养进行培养。在设计相关课程时,教师需要考虑到学生的学习情况、学习态度,同时需要让学生清晰地了解空中乘务岗位的专业工作知识,使学生在此基础上能够熟练地运用英语来为乘客提供与之相对应的服务,学生能够解决服务过程中所产生的突发事件,从而顺利完成机上服务的工作。教师需要调整中职乘务英语课程,使其模块化,比如将课程设计为七个不同的模块,由多个子模块来构成这七个模块,学生再根据自身的学习情况来选择适合的模块。在确定课程内容后,教师再根据中职乘务英语课程的教学知识点来确定课程教学资源,比如试题库、听力测试、口语测试、电子教案、微视频、拓展资料等。本课程所选择的在线平台为浙江省高校在线开放共享平台、智慧职教慕课平台,教师及时将制作好的教学资源在平台上传,然后定期设置好后台开放时间,并将线下课堂学习进度与之相配套,使得学生能够随时下载平台上的内容,同时还能够帮助学生进行在线学习。

2.课中实施

混合式教学主要突出线上与线下相结合的特点,学生需要通过在线自主学习来掌握基础知识要点,然后教师结合学生的自主学习情况来制定有针对性的学习目标,最后分析学习中的重点与难点内容。混合式教学方法包括项目驱动、小组合作、启发学习、协同讨论等。这样教师能够对学生的学习情况进行全面掌握,并对错误的反馈进行及时的纠正,然后反复训练重点模块内容,能够达到良好的教学效果。比如在"preflight preparation"教学模块中,学生在课前查看平台上教师所发布的消息,根据学习任务要求找到"preflight preparation"的两个子模块,并观看这两个微视频,然后根据微视频所提出的问题进行全英语讨论,并在评论中用英语留言,同时在平台上做好在线笔记。教师在碎片化的空余时间对学生的讨论情况进行查阅,并给出相应的指导。根据在线学习的实际情况,教师再在课堂上对学生进行相应的点评,同时明确"preflight preparation"的教学目标。教师根据学生在平台上所讨论的情况进行相应的补充,并强化专业句型以及重要术语、句子的听、说、读、写。教师还可以在课堂上让学生代入角色,以小组合作的形式来展开英语对话,结束后让小组之间进行互评,然后教师给予综合性的点评。完成课堂任务后,教师再向学生布置与"preflight preparation"相关的听力作业与口语作业,以此来对学生进行拓展延伸。布置作业后,教师可以在平台上上传参考答案,让学生在平台上随时查阅或者模仿,并预习下一堂课的任务。在这种混合式教学模式中,学生属于学习的主体,教师属于引导者角色,通过线上与线下相结合的方式,能够最大限度地提高教学效果与质量,取得较好的实施效果。

3. 成绩评定

在混合式教学模式下,成绩的评定需要充分考虑学生线上与线下的实际学习情况,在考核中需要重视学生的学习过程,其考核内容包括在线学习、在线讨论、在线笔记、论坛表现、在线测试、微课学习、线下出勤率、线下学习态度、线下团队贡献等。其中在线学习占比为40%,线下学习占比为40%,期末综合考核(情景模拟考核)占比为20%。

4. 实施效果

学生的自主学习能力得到了极大的提升。混合式教学模式能够提高学生的学习兴趣与整体满意度,从而取得良好的教学效果。简而言之,混合式教学模式需要建立在职业岗位能力要求上,线上借助网络平台、手机平台来搭建网络教学资源库,线下通过小组合作、情境教学、案例教学、任务驱动等方法展开教学,能够提高学生的学习积极性,有助于教学效果与教学质量的提升。

第六节　艺术类英语教学

一、"三教"改革下的中职英语教学

《国家职业教育改革实施方案》提出"三教"——教师、教材、教法的改革任务,其中"如何教"是核心问题。教学以学生为中心,学生"如何学"决定教师"如何教"。首先,中职艺术类专业学生每天进行专业技能练习,几个小时下来,难以马上静下心来学习英语,课堂上学习时间也有限,因此运用移动设备随时随地完成学习或循环学习的方式效果更佳,更有助于提高学生的英语学习兴趣。其次,在完全的线上教学中,教师和学生都隔着"千里之外"的距离,学生在学习中随时可能遇到问题,教师也无法观察到每个学生的学习状态,因此"线上+线下"的教学方式解决了类似的问题。混合式教学正好让学生在教师的督促下结合线上、线下两种方式的优势,灵活选择时间、地点和把握学习进度,在培养学生良好的英语学习习惯的同时也使学生能在教师的指导下掌握正确的英语学习方法。学生在课堂上跟教师面对面交流,再利用课前课后碎片时间来学习的方法,经实践证实更为高效。

二、艺术类中职英语混合式教学模式

采用行动研究,通过计划、实施、观察、总结改进的环节进行三次以上的实践,并不断完善教学。

1.课前

前置任务,利用平台或学习群发布学习内容视频和练习题,通过学案或者问卷星练习检查,学生学习完成。

2.课中

利用英文歌曲、电影导入,通过游戏竞赛方式,以任务驱动,引入—机械练习—提升练习—拓展练习,由浅入深,递进式设计任务,鼓励学生

完成课堂任务,课堂上检查,并即时反馈完成情况。

3.课后

根据课前和课上学生的实际情况设计课后任务,以书面练习、问卷星或打卡等线上练习、微课、有道云笔记等进行复习巩固,并预习新内容。

整个教学过程在信息化手段下通过学生的自主学习、合作学习完成,教师起到引导、督促、解疑作用。

三、艺术类中职英语的混合式教学

混合式教学的"教"与"学"并不限于课内时间,也不仅仅是在学校课堂上发生,它融合了线上和线下教学各自的优势,缩短了课堂上的基本知识的讲授,延长了学生思考、练习和实践的时间,更有利于提高艺术类中职学生英语学习主动性,提高认知参与度,减少不同学生的学习结果差异,提升教与学深度。

1.教师的转变

混合式教学要求教师要乐于改变传统的教学模式,乐于学习信息技术辅助教学,还要用大量的时间进行教学活动设计、视频制作、课外答疑,同时需要按照学生的实际情况及时修改教学设计。

2.合格的教学条件

首先,线上教学需保证有稳定的网络。其次,需要电脑或平板作为教学设备,学生课外学习至少要有智能手机,教学场所有可用网络则更佳。

3.技术工具的选择

选择教学技术工具时,以方便和实用为原则,也要考虑学生使用的设备和环境条件,需要另外安装 App 或者需要个人信息注册的工具,学生是否愿意等因素。艺术类学生对信息技术不太敏感,采用简单和常用的工具即可,如微信小程序、QQ 学习群、腾讯课堂、钉钉、企业微信、有道云笔记等。教师要对学生进行培训,教会他们如何观看视频,如何记录重点,如何完成练习和如何收藏笔记等。线上教学活动采用的技术工具不在于"多",也不在于"特别",而是在于"方便"和"实用"。为了线上学习而要求学生安装各式各样的 App,或者在各种平台间来回转换,学生会厌倦和反感,反而影响教学效果。

4. 教学策略

教师先对教学内容进行再分解或者重新整合,设计课内课外教学活动。微课只需清楚讲授某一个知识点,长度在 5 分钟内为宜,最好不要超过 8 分钟,所以简单的屏幕录制加讲授也是可以的,视频制作可用卡塔莎工作室、PPT 的录屏功能,或者用手机相机进行拍摄;视频后期处理可用格式工厂、爱剪辑、美图秀秀、手机视频剪辑工具等。当然,风趣幽默、生动活泼的微课更能吸引学生观看。制作微课前需要进行课程知识点的分解,要对线下课堂课件进行修改,给知识点设定学习目标并开发一些配套的练习题目,然后再进行录制和后期编辑微视频。如果网上有适合的短视频,编辑修改后也是可以使用的。教师在设计线上活动时,要充分考虑学生的能力和水平,把握好难易度和知识量的度,也要采取激励手段鼓励和吸引学生去参与教学活动,只有学生肯参与才能达到教学的最终目的。

5. 学生的分组策略

学生学习小组应该按照不同的教学内容和任务进行灵活分组,如组内分层式分组、自由分组或者随机行列分组。灵活分组又利用不同层次学生的交流,相互学习,提高合作学习的效率,也可以避免固定分组带给学生的思维束缚和练习模式的机械化。

当然,灵活分组需要教师更密切地监控和细致地观察,这时可以采用"小助手"策略。小助手不一定是成绩拔尖的学生,教师需要根据教学内容和任务的难度选择,让每个学生都有机会成为小助手,既能促进该名学生参与学习,也能提高其学习责任感,促进学生核心素养发展。

6. 线上教学量的把控

基于艺术类专业学生的特点,线上活动的时长不宜过长,难度也需降低,也要考虑是否与课堂教学相适应,线上和线下活动是否适度等。学生线上学习时间不超过 15 分钟,微课 5 分钟,练习 10 分钟。学生可以随时随地进行个性化学习,按个人需要多次观看视频,或者边学习边做练习。

7.线上和线下教学评估

无论是线上还是线下教学,教师都需要给予学生及时的学习反馈,可以利用在线教学平台功能或者其他程序开展一些在线小测试。线下可以采用书面测试、分享汇报、面对面交流等形式进行评估。必要的测试和练习,使教学活动更加具有针对性,教学更高效。而艺术类学生在实操中也会有让人意想不到的创造性表现,这是书面的终结性评估无法表现出来的,教师和同学的评价也是对学生学习的激励,因此教师需要给予学生综合性的评估。

8.建设线上教学资源库

线上教学是混合教学的重要部分,在"互联网+"环境下,可利用的教学资源变得越来越丰富和多样。线上教学资源除了常用的混合式教学设计、PPT、课文词汇音频、自制的教学微课视频外,还有常用软件安装程序、新媒体视频、学习网站或平台资源、英文原声电影和英文歌曲等。当然,教师需要根据学生的特点对网上资源进行必要的调整,以便更适合学生学习使用。教师应在实践教学中不断积累,通过团队合作,建设英语学科线上教学资源库,这也可有效解决教师工作量大、时间有限等问题。

总之,混合式教学的最终目的是更好地彰显绝大部分学生学习的效果,满足学生英语学习的需要。但本文所述的教学模式也存在未能得到有效解决的问题,例如:如何提高课外线上学习的质量问题。虽然我们鼓励学生自主学习和合作学习,希望小组成员在互相督促下共同成长,教师也跟踪监督,但个别学生缺乏内驱力,课外不看知识点视频,随意完成在线练习,导致无法达到混合教学的理想效果。此外,由于学生专业的不同,学生会存在或大或小的差异。"三教"改革背景下,教师必须终身学习,敢于创新,无论线上还是线下教学,都可利用新媒体和游戏竞赛的方式促进个体、小组间的互动,根据不同专业的学生特点进行调整和改善,在实践中总结,在实践中引领学生走进深度学习。

第七节　竞赛英语辅导

　　中职院校职业英语竞赛是全国职业技能大赛的新项目,该项目主要考查在职业背景下中职学生的综合英语交际技能,是中职英语课程改革的重要推动力之一。职业英语技能竞赛的辅导,既要遵循传统的英语教学规律,运用传统的教学模式,也需要充分借助网络信息技术,进行知识拓展和技能培养。但两种模式各有利弊,必须有机结合。而融合两种模式的混合式教学法在职业英语技能竞赛辅导中的应用,可以将传统的教师讲授指导和学生团队自主学习有机结合起来,减轻训练负荷、提升训练效率、增进师生交流、激发学生的学习兴趣,从而优化训练效果,达成训练目标,最终实现中职英语竞赛对中职英语教学改革的促进作用。

　　职业教育是我国教育领域中不可或缺的一部分,近年来国家大力发展职业教育,提出了"普通高中有高考,职业教育有大赛"的理念,将职业学校的技能大赛推向了较高的平台,也成为职业教育不可或缺的一部分。作为职业院校中的文化课程,英语是基础课程,同时更是各种入门进阶考试的必修科目,结合职业背景的英语语言能力在职校学生的学业进步与职业发展中有极其重要的作用。2012 年,中等职业英语技能正式成为全国职业院校技能大赛赛项,本赛事吸引了全国各大中职院校优秀师生的参与,成为全国性的英语基础课交流平台,同时极大地提升了中职学生对于英语学科的学习热情,对中职英语教师而言更是一种新的挑战与机遇。

一、职业英语技能大赛说明

　　职业英语竞赛为团体赛事,按照专业划分为专业组和其他类两种,参赛选手以两人为一组,分为 A、B 两个角色,分别承担不同任务。赛事主要考查选手在职场中的英语应用能力和职业能力,同时考查选手的思辨能力、知识拓展以及创新能力等,从而推动中职英语教学模式和人才培养方式的转变。赛事主要分为四个环节:在线测试、情景交流、职场应用和职业风采。

1. 在线测评

选手使用职业英语能力测试系统进行在线测试,主要测试通用型职业场景下选手的英语综合语言应用能力。每支参赛小组由 A、B 两位选手组成,以两位选手的卷面平均成绩乘以系数为最终成绩。测试时间为 1 小时,满分 20 分。

2. 情景交流

A、B 选手组成团队参加该环节竞赛,通过分工合作,完成指定任务。参赛小组从 5 组图片中抽取一组,图片为一个工作任务或一个职业故事情景。准备时间为 20 分钟,全英文口语交流,不可传递资料。准备结束后,A 选手在 90 秒内用英语对图片内容进行描述,同时阐述个人观点,B 选手同样用 90 秒时间回答裁判就图片主题和故事内容所提出的问题。此环节满分 30 分,仍以两位选手的平均得分为小组最终得分。

3. 职场应用

与情景交流环节相似,A、B 选手组成小组参赛,共同完成一个职业场景的工作任务。第一阶段为备赛,参赛小组抽到任务后进行小组合作,在 30 分钟内完成任务,并递交任务单一。第二阶段为比赛,A、B 选手进入比赛室,A 选手携带任务单二,在 3 分钟内向裁判陈述任务完成的情况;B 选手在 2 分钟内回答裁判提出的关于任务主题和完成情况的相关问题。整个过程中必须使用英语交流,本环节满分 30 分,以 A、B 选手的平均得分为最终成绩。

4. 职业风采

该环节以 A、B 两位选手为主要演员,可以邀请助演(1～2 名)进行表演,形式不限。要求使用英语,表演内容与所学专业或将来的职业结合,能够充分体现职业学校学生的英语能力、青春风采和职业素养,节目应该具备原创性。裁判根据 A、B 两位主要选手的表现打分。本环节时间为 3～5 分钟,满分 20 分。

二、职业英语技能竞赛辅导中使用混合式教学模式的必要性与有效性

选拔选手、选取教材、选择辅导教师、设计辅导计划是辅导的前期准备,而如何选择合适的辅导模式,从而有效提升职业背景下竞赛选手的英语综合能力则需要竞赛辅导教师团队进行深入分析与研究。

　　传统课堂中单一的"3P"模式,即演示(presentation)→操练(practice)→成果(production)并不适合以学生为主体的集训辅导,而交互式的简单英语课堂教学也不适应对英语综合应用能力要求较高的竞赛辅导。网络信息化教学可以起到激发学生训练热情、减轻集训任务、提升训练效率、及时反馈训练效果的作用,然而完全依赖信息化教学,全盘使用网络平台教学方式进行辅导和训练,会导致仅有人机交流,缺少真正的实战互动,对于自控能力不足、临场能力欠缺的中职学生而言,也存在弊端。

　　因此,完全摒弃传统的教学模式,令辅助式的信息化教学占据主体地位,对于中职学生的竞赛训练或者日常的实际教学而言,都并非明智之举。而简单依赖传统教学模式的训练也已不适应信息化时代发展的趋势。因此迫切需要将两种教学模式进行有效融合,即采用传统教学模式以及信息化教学模式相结合的"混合式教学模式"。

三、混合式教学模式的概念与优势

　　混合式教学模式将面对面的课堂学习和网络学习两种方式进行有机整合,融合两者的优势,综合采用以教师讲授为主的集体教学形式、基于"合作"理念的小组教学形式和以自主学习为主的教学形式。混合式教学模式既能保留传统课堂中教师对教学过程的调控和必要的师生情感交流的优势,同时亦能有效引入基于网络技术的信息化手段,有效提升教学效率、改善教学效果,激发学生的学习热情。

四、混合式教学模式在职业英语技能辅导训练中的实践应用

　　为了将混合式教学模式有效运用到职业英语技能竞赛的辅导训练中,使其在结合传统交际性课堂模式和信息化网络课堂模式两者优势的同时,有效突破两者的局限,从而优化教学模式,达到较好的教学和训练效果的目的,辅导教师需要对竞赛训练中的所有要素进行优化整合,将各种有效的训练和教学的方法、模式、策略、技术等进行有针对性的分析

和合理使用。在保留传统教学模式中师生互动、情景模拟交流等优质元素、提升训练内涵的同时,可以结合竞赛各个环节的特点,充分利用网络信息技术的快速高效和资源丰富的优势,拓展训练的外延。

1. 训练前期准备

首先,选拔选手。中职类专业的学生英语基础普遍薄弱,简单的教师推荐或自荐的方式,加大了选择的难度。但利用信息化平台的在线能力测试可以将应试能力较强的学生挑选出来,再对学生进行面试。从笔试(听力、阅读与写作测试)和面试(英语口语运用和综合能力测试)的综合测评中,较为全面而科学高效地完成选拔工作。在线测试的便捷性也可以及时发掘和吸纳优秀的英语人才充实到训练队伍中来。

其次,知识准备。当合适的选手选定之后,最棘手的问题是对其进行赛事的基本内容和英语比赛技能的初步培训。传统的训练模式是以老带新,费时费力,效果不佳。混合式教学模式可以将前期的入门训练进行课堂翻转,在网络平台上以 PPT、微课或者简单视频的方式呈现所有比赛环节的要求、比赛模拟试题以及比赛实况,要求新队员自主学习,缩短新队员融入正式训练过程的时间,提升训练效率,同时网络资源的分享可以使这项“精英赛事”逐渐普及开来,真正达到以赛促教的初衷。

最后,能力准备。职业英语技能竞赛毕竟是竞技类项目,对于英语语言能力的要求较高,选手不仅需要具备完备的英语知识和扎实的英语表达能力,更需要有高效的交际能力、思辨能力、逻辑思维能力、职业意识与素养,以及较高的知识储备和对时事的敏感度和关注度。这些都远远超越了英语语言能力本身。所以,选手的综合知识储备和语言的强化训练是必需的,但仅靠辅导教师的训练课完成这些准备是不现实的。

信息化网络平台可以提供一定的解决方案。队员可以利用有道词典、海词词典等 App 进行训练前的单词积累,利用每日打卡的形式,在提升学习兴趣的同时,进行快速有效的词汇积累;趣配音 App 和微信语音功能也可以校正学生的语音语调和增加队员的语言知识,把被动的口语练习转化成主动的语音模仿游戏。信息化平台短文缩写练习、句式训练以及在线测试都可以让学生在碎片化时间内提高综合英语能力。辅导教师还可以利用信息化平台海量资源的优势将相关资源内容进行在线分享,为队员提前做好积累准备。辅导教师还可以通过这些在线测试数据,掌握队员的线上训练效果,根据这些数据在训练课上对队员进行线下的有针对性的训练和辅导,将线上和线下的学习结合起来,使混合式教学模式对训练形成有效促进作用。

2.训练过程

竞赛训练的过程,也是队员充分发挥自主学习能力,辅导教师执行组织、引导、监督、激励职能的过程,因此在传统教学模式中,以教师为中心,队员被动地接受知识,缺乏自主学习能力的模式是无法适应竞赛训练要求的;而在网络化教育模式中,如果完全依赖翻转课堂,辅导教师组织引领的作用就会丧失,同时中职学生自主学习探索能力较弱,也不利于保证训练质量。混合式教学模式中,辅导教师可以运用多种形式的教学资源和教学媒体,对队员进行小组合作训练、模拟训练、观摩训练等。还可以利用网络平台将训练成果进行小范围展示,辅导教师从队员自评、互评中寻找到薄弱环节,并及时修改训练方向。教师对课堂全程监控,掌握各组的训练进展情况,并根据各组的实际学习情况给予针对性的指导训练。

混合式教学模式可以灵活运用于竞赛辅导之中,以达到最佳训练效果。以三个竞赛环节为例:能力测试环节,在线测试的平台效用毋庸置疑,但对于特殊题型和典型题目的分析讲解,还是需要传统课堂的精细讲授;情景交流环节,优秀选手的视频音频展示是训练的必备资源,除了在网络平台上的分享学习之外,更重要的是训练课中的模仿与创新突破。这些都需要辅导教师进行面对面的实战指导和监督。同时队员比赛的时间管理、心理素质培养、故事讲述技巧和同伴合作默契度的提升,单纯依靠网络平台是无法完成的。必须采用混合式教学模式,将信息平台的资源搜集功能、便捷高效的优势和课堂训练的实时性、实战性优势相结合,才能真正实现优化训练的目的,达到训练目标。职场应用环节中思辨能力、职业意识、职业素养的提升不仅来自于队员从网络信息平台上获得的知识储备,更取决于队员实战训练中的直观感受以及经验积累。

3.训练评价体系

训练效果最好的评价指标当然是竞赛成绩,但"过程性评价"对平时训练的重要性也不可忽视。这是保证训练队员在长期训练中始终保持高昂的训练热情和比赛原动力的必备条件。网络信息平台的客观成绩指标,英语配音、词汇打卡等 App 的学习操练完成指标,甚至训练和模拟比赛视频的点赞率,都是对队员的评价指标。这样的网络指标评定不仅具有较高的可信度,还可以提升队员的训练积极性和学习兴趣度。但这些指标有其单一性和局限性,训练辅导教师还需要在训练中对队员的语言表达能力、思辨能力、实战表现力、团队合作能力、职业意识、职业素养、心理素质、沟通交流等综合能力进行评定。辅导教师运用混合教学理念构建的评价体系,将信息平台的客观数据指标和训练课堂上的主观综合指标相结合,对队员在训练准备、训练期间、训练之后进行"过程性评价",形成全面、客观、公正的评价体系,从而培训出最优秀的队员参加职业竞赛赛事,切实提升中职学生英语技能和职业技能,最终培养出优秀的涉外职业人才。

混合式教学模式将传统的面对面的授课模式与现代网络教学模式相结合,实现优势互补。竞赛训练更加需要借助混合式教学理念将线上的知识拓展、主题操练、自主学习与线下的实战演练、团队合作、教师指导进行结合。通过混合式教学模式"既发挥辅导教师引导、启发、监控教学训练过程的主导作用,又充分体现学生作为学习过程主体的主动性、积极性与创造性",激发训练热情、提升训练效果。在竞赛训练中乃至中职英语的实际教学中,混合式教学模式的科学使用,必将使英语学习取得最佳的效果,有效提高中职英语教学效率和质量,促进英语课堂教学模式的变革。

第⑥章　中职英语混合式教学中的教师角色、学生角色和评价体系

第一节　中职英语混合式教学对教师角色的新要求

一、中职英语的教学问题

近年来,在中职英语教学过程中,还存在很多问题,未能切实保障教育工作质量和水平,影响整体的教育效果。具体问题表现为以下几个方面:

1.教师教学模式尚未更新

目前多数教师在教学中,尚未更新观念意识,在课堂中还在使用灌输式的教学模式,教师作为教育主体,对整体教学流程有一定的掌控,学生只能被动地学习各种知识。与此同时,教师所教授的教学内容非常陈旧,使用的教学方式落后,在"填鸭式""满堂灌"的教育模式下,不能营造良好的课堂氛围,经常会出现教学枯燥乏味的现象,难以调动学生的学习兴趣和积极性,甚至会导致其出现厌学的情绪,学习效果不佳。

2.教师的信息化教学能力较低

随着网络信息技术的快速发展,很多教师都开始培养信息化教学意识,在教学设计和各个课堂环节中,都开始进行信息化改革,所采用的信息化技术非常多,例如:在线视频、翻转课堂、慕课等。但是,在日常教学期间,大多数教师仍重视 PPT 和视频的应用,很少会采用微课教学法和慕课教学法,使得信息化的手段仍然停留在课堂教学中。尤其在网络课程和相关学习平台设计的过程中,所使用的教学方式单一,信息化教育流于形式,不能积极投入各种硬件,导致混合式教学模式无法顺利地应用于工作中,对混合式教学模式的合理使用造成影响。

3. 学生缺乏自我控制能力

一般情况下,混合式教学模式在实际应用期间,具有自主性特点、多元化特点和灵活性特点,学生可以按照自己的学习需求和现状,制定完善的学习方案,在整个学习环节中,无人监控与引导,独立地完成任务。一些学生的英语基础较好,且求知欲较高,自律能力良好,在混合式教学中,能够取得良好的成绩。但是,一些学生的基础能力较低,缺乏自我控制力,对相关英语知识的学习兴趣较弱,在采用混合式教学模式的过程中,经常会出现一些问题,难以按照要求参与相关的学习活动,严重影响整体的教学进度,不能满足目前的教学工作需要。

4. 教师缺乏合理的信息化设计

随着网络信息技术的快速发展,很多学校均开始采用网络信息技术进行教学改革,针对教学模式进行了合理的创新。但是,教师在教学期间未能编制完善的教学方案,未能针对相关模式和环节进行合理的信息化设计,所采用的教学评价方式仍是传统的终结类型评价手段,未能按照学生的学习需求和特点正确开展指导工作。在教学工作中,考核评价过程未能完善或实施力度不到位,没有采用合理的监管方式开展教学。

二、混合式教学对教师角色提出新要求

在中职英语的教学工作中,采用混合式的教学模式,对教师这一角色提出不少要求。广大教师应转变传统的教学观念,积极采用新的方式开展教育工作,并转变传统的主动地位,转换自身的教学定位,在混合式教学中充当教学设计人员、观察人员、倾听人员、引导人员和评价人员,以此提升整体的教育工作质量和水平,增强整体的教育工作效果,达到预期的教学目标。

1. 创建真实的教学情境

在使用混合式教学模式的过程中,教师应该为学生营造良好的情境,培养其自主学习和协作学习的能力。在网络化学习期间,教师在课堂教学之前,为学生布置相关的自主学习和小组合作的任务,查阅各种

网络教学资源、图书资料，全面分析英语教学背景知识。在课堂的教学中，教师可利用PPT教学法、角色扮演教学法、游戏教学法、辩论教学法等，营造出真实的教学情境，使学生能够积极地参与到课堂学习活动中。与此同时，要求教师针对前期的网络学习任务完成状况进行分析，指导所有学生学习新的知识并将其融入自己的知识结构中。要求教师在课堂教学环节、网络教学环节中，详细分析学生的情绪和具体反应状况，正确反馈信息，给予学生一定的帮助和理解，建立起平等的师生关系，提升整体的教育工作效果。

2.为学生提供情感体验资源

学习过程属于学生构建内部心理表征的流程，需要有良好的情感体验。在以往的英语教学工作中，更重视英语语言知识本身的教学，过于强调学生对英语理论知识的掌握，忽视学生在情感方面的体验，导致教学效果降低。因此，在混合式的教学工作中，教师应重视学生的情感体验，培养其良好的英语学习思维。例如：教师在中职英语教学中，全面地挖掘教材情感资源，深入地分析相关教材内容，按照学生的情感发展特点，将以往枯燥的知识与事例有机整合在一起，使其可以体会到课堂教学的趣味性，将课本中较为枯燥的知识与实际生活联系在一起，探索深层次的内涵。

3.开展交互性的教学工作

在中职院校英语教学工作中，教师采用混合式教学模式，可引导学生在小组合作学习、自主学习的过程中，培养良好的学习能力。在此过程中，可以采用提问教学法，利用有效提问方式，指导学生正确思考问题，形成相应的知识构建形式。例如：在教学设计时，教师应寻找问题核心，正确设置问题主线结构，深层次地研究问题，以此调动学生的积极性。需要注意的是，教师应重视问题的合理设置，通过相关问题有效反馈学生的英语知识学习情况，在学生回答符合预期的情况下，教师应该给予学生一定的鼓励，适当地拓展教学，使得学生正确思考各种英语问题。与此同时，在网络平台上，教师应搭建相应的自主化学习平台，通过微信、QQ 和自主学习平台与学生相互交流,确保知识的反馈符合要求,判断学生的学习效果,并按照每位学生的学习特点,做出准确的判断,开展个性化的指导工作,以此提升整体的教学工作效果。

4.综合定位教师角色

为更好地开展中职院校的英语混合式教学工作,教师应总结经验,综合性地进行自身角色定位。

(1)教学设计的相关角色

中职院校的英语教学设计,属于混合式教学中的关键部分。所以,在教育工作中,教师应重视对混合式英语教学的设计,树立正确的观念意识,科学开展各方面的教学设计工作。首先,教师应全面研究学情特点,分析教学环境,正确筛选具体的教学内容,整合各种资源。在课堂教学之前,通过合理的教学设计方式,引导学生参与到学习活动中,以此做好相应的教学准备工作。其次,教师要求明确具体的教学工作目标、重点难点内容,对教学内容进行合理设计,筛选最佳的教学方式,之后调取或准备关于课堂教学的视频素材、课件素材等,有助于混合式教学模式的合理应用。最后,为更好地巩固教学内容,拓展具体的学习任务,教师在教学设计的环节里,要求合理地培养学生自主学习能力,调动其学习积极性,将自身教学设计角色的积极作用充分发挥出来,达到预期的教学目的。

(2)信息技术和教学资源之间的整合角色

为更好地开展混合式教学工作,教师应重视各种资源的整合,科学开展各方面的课堂教学工作。近年来在网络信息技术快速发展的进程中,网络中的教学资源很多,此阶段教师应该具有一定的信息检索能力,在众多的资源中合理地选择所需要的教学资源,有助于提升教学质量。与此同时,教师还需要按照学生的具体状况,根据目前所存在的教学问题,正确进行筛选。如果不能找到直接应用的教学资源,教师也可以将信息技术和学科的教育资源有机整合,对其进行加工处理,按照目前的教学需求和特点,正确开展各方面的教育工作,为学生提供高质量的教学服务。

(3)学生学习情况的分析角色

在网络信息技术发展的过程中,课堂教学已经开始采用信息技术,教育系统中可以实时生成学生学习行为数据信息,教师可以应用教学平台,合理地搜集与学生相关的数据信息,例如:搜集关于学生的学习成绩信息、实时化的学习状态信息,之后建立相应的模型,将其转变成为主要的信息,以便教师更好地分析学生学习特点,随时对教学方案和内容进行调整,以便达到最佳的教学效果。

(4)教学评价的多元角色

教师在混合式的教学模式中,应重视自身的教学评价角色,转变传统的期末考试的评价标准,重视学生的日常学习情况,开展过程类型的评价工作,编制多元化的工作机制,增强整体的工作效果。在此期间,教师可以按照学生的课堂学习、小组合作、在线学习的情况,开展相应的评价工作,并进行多元化和多层次的考核,以此形成客观性和全面性的评价模式,提升整体的教学质量。

(5)信息化环境的营造角色

在中职英语教学的工作中,采用混合式的教学模式,可转变传统的教学理念和方式方法,改善学生的学习环境,满足目前以学生为主体的教育需求。在此过程中,教师应创建良好的信息化环境,采用网络信息技术,创建个性化的学习平台,为学生提供良好的网络学习环境和空间氛围。

(6)自主学习的引导角色

大部分中职院校采用混合式的教学模式,要求引导学生在线下更好地完成线上的相关自主性学习任务,教师引导学生更好地探索相关知识,并培养其探索能力和自主学习能力,强化整体的教学效果,满足当前的时代发展需求。

总之,中职院校的英语教师,应提高自身的信息化教学能力,在教学设计和线上线下教学过程中,应打破传统教育工作的局限性,重视混合式教学模式的合理应用,根据学生的学习特点和发展特点,正确开展各方面的教学指导工作,培养学生良好的学习思维和能力,为学生英语学习的可持续发展奠定基础。

第二节　混合式教学模式中学生的角色定位分析

混合式英语教学对学生的自我管理能力提出了更高的要求,学生如果在学习过程中只想着依赖教师教学,并未自主学习教师上传的教学资源,那么其在英语学习过程中就会比较吃力。混合式英语教学能够有效转变学生在混合式教学模式中的地位,学生也应对自己的英语课堂角色有一个新的认识。

一、学生是课堂内容的预先思考者

混合式教学模式能够提升学生的自主学习能力,并让学生对自我的学习有更高的要求。在混合式教学模式中,如果学生不通过自主学习去探索教学资源中的英语知识,那么在英语课堂上就会比较吃力。混合式教学模式不仅能够让学生占据课堂主体地位,更能改善传统的师生关系,让学生由被动获取知识的学习者变成主动去获取知识的思考者,让学生在英语课堂上受到教师的关注,获得充分的思考空间。

在日常教学中,教师会把第二天课程的教学目的、要求,变成学生先学的一个"前置性作业",实际上是把第二天的教学要求变成学生先学的一个问题。通过"前置性作业"的形式,提前布置给学生,让学生先学。个人先学也就是自主探究或者自主学习。教师围绕本课教学目标和重、难点,根据学生的学习基础、习惯、兴趣爱好,将线上资源和线下资源相结合,教师重新整合和呈现教学内容。教师将大纲、课本参考书、英语词典或图书等线下资源与线上文字、图片、声音、动画和软件等相结合,使教学内容更形象地表现出来,突出教学重点,降低教学内容难度,为学生设计各种英语的语言输入形式,并使这种英语语言的输入形式更有趣、更逼真,从而加深了学生对知识的理解和记忆。设计的循序渐进的任务可以是线下归纳疑难问题笔记和读写书面报告,可以是线上各种听、说、写、模仿语音和对话或配音、英语调查表、投票或者回答问题、互评与比赛,完成人机对话与交流等输出式学习任务。学生做"前置性作业"就是学生与课前教学任务的交流。不同学生个体由于原来的知识水平差异、家庭背景和自主学习的习惯不同,做同一个"前置性作业"的心得和结果是不一样的。水平高的学生可以以外延课前任务和额外奖励或加分作为提高;水平低的学生允许出错但参与即得分。每个学生做"前置性作业"的心得或疑问都记录在"前置性作业"笔记本并上交。"前置性作业"使每个同学不受时间和空间的限制,不限次数随时查看翻阅,参与人数可以达到 100%,个体可以发表个性化意见和进行个性化练习,不必担心在公众面前丢脸。这相当于正式上课前进行的无纸化"前测",有利于培养学生自主发现、自我探究的学习习惯,从而提高学习效率。

此外,教师通过批阅"前置性作业"笔记本或教学平台统计学生的答案正确率了解学生对背景知识、教学目的和要求的掌握情况,为课堂上学生的主体地位的彰显扫清障碍。

二、学生是课堂的主角

教师应当利用混合式教学,让学生通过切身体验,感受到通过自身探索,将知识变成自己知识体系中的组成部分的成就感。除此之外,教师还要鼓励学生走到讲台上进行口语锻炼,培养学生的自信心。通过混合式教学,教师还可以让学生根据教材中的对话进行演练,有效提高学生的英语口语水平,也能增强学生的英语学习积极性。

学生是课堂问题的讨论者。在英语课堂教学活动的合理设计中,小组合作的方式能够带动学生学习英语的热情,在讲到实际的英语知识时,教师可以让学生进行小组讨论,让学生分享各自的答案,最后教师再进行点评,这样能够深化学生对知识的理解能力。小组讨论的方式,不仅能够活跃英语课堂气氛,还能够鼓励学生不断探索问题答案,加强学生对英语知识要点的记忆。

学生的个人疑难点可以通过组内互助解决。在虚拟学习空间或传统课堂上个体就自己"前置性作业"疑难笔记上的问题提问,回答者加分;对组内无法回答的问题进行汇总,组间提问,回答者加分。组内集体学习某个知识点,组间竞争和互助。通过虚拟教室或传统课堂,4~5人组成小组编写故事,练习某个知识点;通过"传话游戏"练习句型、"你比我猜"、"接龙式"提问、简笔"你画我说"等组内合作而组间比赛的活动巩固个人先学阶段时初学的本课词汇或短语。借助集体的力量,弱化个人学习的难度,提高学习的勇气和积极性。学生在两人或多人小组的交际任务中,在组内和组间的活动中完成了知识和学习经验的共享。

在组内和组间的活动后,水平较高的小组学生代表也可以站在全班同学面前担任小教师,开展全班交流的一对多的生生互动。小组代表在讲台上扮演小教师被提问问题和解答全班同学的问题,而教师扮演学生听讲。学生通过被问和解答重新组织自己的语言知识,强化了对语言点的理解,而教师在听讲的过程中,也能从学生的角度评估自己的教学方式和教学内容,提高教学效率。全班交流的优势有:用黑板、多媒体或其他教学设备线上或者线下讲解同一个语法点时,每个学生都按一样的步骤在同一时间做同一件事;一对多有利于持续性的眼神或者表情交流;带着同一个动机思考同一个问题或获取同一个语言信息;人多力量大,一起紧张和兴奋,带动学习气氛。

三、学生是课后学习的延伸者

教师会设计客场拓展的活动。课程拓展的目的在于通过实践来消化和吸收,使新知识成为现有知识。由于传统教学的学习成果只局限于课堂展示,学生无法真正体验竞争,感受到职场的成功和快乐。所以教师可以基于课本内容设计拓展任务。比如与同桌合作完成一篇关于茶叶、瓷器等中国特色产品的英文介绍性文章,制作成网页,附上自制的英文介绍视频,上传至校园网进行展示,根据点击率选出最佳作品。学生通过提前体验竞争,感受成功,增强了信心,强化了职业素养。学生甚至可以自己与相关企业联系,将选取出的优秀作品推向市场,提高自己的社会综合实践能力。

第三节　中职英语混合式教学的评价体系

一、中职英语教学评价现状

目前的中职英语教学,已经初步形成了形成性评价与终结性评价相结合的评价方式。终结性评价主要以期末传统英语测试为主,考查学生的英语语言基础知识和应用能力,但是在实施形成性评价时,却存在着一系列问题。

1.评价单一,问题严重

在形成性评价中,评价内容主要是出勤率、作业、笔记、课堂表现,评价形式主要侧重于纸笔考试,忽视小组探究、口头报告等多种方式,而且评价的主体只有教师,没有自我评价和同伴互评,忽略了学生作为评价主体的作用。

2.评价标准随意

在形成性评价实施过程中,不同班级、不同教师之间并没有一个统一的参考标准,大多数教师以学生在课堂中回答问题的次数、平时作业完成的次数以及笔记的多少来衡量学生的课堂表现,存在严重的重数量轻质量的现象。

3.任务繁重,增加了教师负担

形成性评价贯穿于整个教学过程,是一个动态的过程性评价。由于目前形成性评价主要侧重于纸笔作业和考试,一名教师又兼任多个班级的教学,导致教师批阅试卷、检查作业、做笔记并进行分数登记和学习反馈的工作量很大,为工作本就不轻松的教师增加了许多负担。

4.评价效果差

评价的目的是促进学生发展与提升教学效果。然而,在日常教学中,由于形成性评价实施过程中存在诸多问题,导致形成性评价不仅不能促进学生的学习发展,反而使学生放松了课程学习,沦为部分学生期末成绩能够合格的工具。

二、中职英语混合式教学评价体系构建策略

在教学评价理论基础上,结合中职英语混合式教学实际,为最大限度调动中职学生学习英语的积极性和主动性,保证教学评价体系的科学性、完整性和有效性,教师应掌握一些教学评价体系构建策略。

1.使用形成性评价、学生自我评价、合作评价和终结性评价相结合的构建方式

中职英语混合式教学线下课堂教学中,对学生是否按时上课、课堂是否积极参与以及在线上学习中,课件的学习、讨论的参与度、学习任务单和单元测试完成情况等考核评价以形成性评价为主。学生要及时对自己的学习情况进行总结,查缺补漏,形成自我评价报告。在小组讨论活动中,小组内部成员要相互评价,形成你追我赶的学习氛围。同时,期末考试等终结性评价也会给学生一定的压力和动力,激励学生去学习,形成以形成性评价为主,以学生自我评价、合作评价和终结性评价为辅的教学评价模式。

2.充分考虑中职学生的个体差异性和多样性

教学评价的目的是发现教学中存在的问题,为教师的教和学生的学提供反馈信息。但是中职学生的英语基础、信息素养、文化修养等差异比较大,我们在实施评价过程中,要充分考虑每一个学生的实际情况,树立有教无类的思想。为了清晰地掌握每个学生的实际情况,教师要从线上和线下两个方面记录学生的学习情况,学生课外的社团活动,比如英语演讲比赛、英语角等都可以记录,为教师的形成性评价提供更多的材料。

3.教学评价体系的构建要以事实、数据为依据,公开、公平、公正地进行

教学评价的最终目的不是区分学优生和学困生,而是去发现每一个学生在中职英语学习中存在的问题,帮助学生及时调整或改善学习方

法,教师根据存在的问题及时调整教学方法,最终帮助每一个学生取得进步。在混合式教学中,无论线上还是线下学习,教师要依据教学的每个环节记录每个学生的学习数据,比如,线上作业完成情况、线上签到情况、线下课堂活动参与情况等,教师要保证学生学习数据的准确性,做到公平、公正。

4.教学评价体系的构建要以人为本,实现中职英语知识传授、语言提升和价值引领三重目标

中职英语教学的最终目的是促进学生个性化全面发展,为培养高素质技术技能型人才添砖加瓦,因此,教学评价的实施要坚持以人为本,坚持学生个性化全面发展。

混合教学模式完全打破了时间和空间的限制,学生通过线上学习软件和教师上传的学习资源,能够在课后随时随地进行学习。在混合教学模式的广泛应用之下,就出现了更适合这种教学的评价模式——形成性评价方式。覆盖学生学习全过程的形成性评价模式,能够全面客观地反映学生的学习水平与学习能力,促进教学效率的有效提升。

三、混合教学模式下的中职英语形成性评价的流程构建

1.课前开展线上学习评价

基于混合教学模式下的中职英语教学,教师一般会在正式上课之前给学生设置一个教学任务,让学生以线上学习的形式来完成课前的自主预习。一般来说,课前的自主学习内容主要为这一单元的语法知识、主要词汇、相关文化背景以及作文。教师将学生课前预习的学习资料制作成微课视频,上传到学校校园网中,学生自行下载观看学习,在学习完后,还配备了相应的练习题目,以检测学生的自学成果。教师在后台可以观察到每个学生的学习完成情况,包括学习时长和练习题目的完成情况。基于这种课前预习自学模式,教师就可以开展线上教学评价,通过考核的方式纳入总成绩之中。例如,教师将在线评价分为学习、测试和交流互动三个部分,三个部分的成绩相加,按照30%的比例计入期末考试总成绩之中。通过这种线上学习和评价的方式,能够对学生的课外自

学形成有力的约束,同时教师也能更全面地了解学生的自主学习情况,了解学生自学过程中存在的较为突出的问题,在正式上课时,可以对此做出针对性的讲解。

2. 课中学习评价

课堂上的教学评价主要是为了深化学生对知识的理解。教师先将学生在自学过程中遇到的突出问题和本课重要知识点整理出来,并对此进行有针对性的讲解,最后将这些答疑内容在网络上进行发布,学生可以将教师发布的内容记录下来,并将这些内容都备注在问题后面,加深对知识的巩固和理解。在做完这一步后,教师再在线上发布小组学习任务,主要为情节对话及问题讨论,每个小组自行决定人物角色的分配,根据教师提供的核心词汇和主要句型,设计场景和对话内容,教师在小组讨论的过程中仔细观察每个小组的表现情况,根据学生的互动情况对学生进行打分。在每个小组都完成教师布置的教学任务后,小组轮流上台展示自己的作品,学生和教师都可以通过学校网络教学平台,对小组活动进行评价,首先小组自评,接着小组互评,最后教师评价总结,通过这种多元化的评价方式来凸显学生的学习主体性,激发学生的学习主动意识,提高学生对小组活动的参与积极性。

3. 课后学习效果评价

课后的教学评价主要为教师根据学生上交的课后练习对学生进行评价与反馈。一般来说,教师会在课后给学生布置一篇写作任务,巩固上课所讲述的应用文结构知识,学生在完成写作任务后,通过线上学习平台发送给教师,教师在线上对学生的作文进行点评。通过开展课后学习效果评价,能够让教师和学生双方都对教学过程中的情况进行及时反思,促进后续教学活动更好地开展。中职院校的英语教师一年大约有280学时的绩效考核标准,教师为了完成目标,通常需要同时教三到四个班的学生,在第一次的教学活动完成后,教师就可以通过课后反思,及时调整教学内容和教学方式,针对教学活动中的不足之处进行弥补,确保之后的班级在开展同样的教学活动时,能够收获更好的教学效果。平时,教师要养成记录反思情况的习惯,将每次的反思内容都记录下来,通过记录不断鞭策自己,提升自身的专业水平和教学水平,促进教学效率的有效提升。

四、中职英语混合式教学评价体系的特点

1. 重点评价学生的学习投入

学习投入是衡量学生的学习动机,监控学生学习过程,预测学生未来学习效果的重要指标。学生的学习投入包括行为投入、认知投入、情感投入和社交投入。学生是学习的主体,作为学习活动的直接参与者,对学习活动的投入直接决定着教师教学成果的实现以及学校的政策、资源有效地发挥作用。学习投入多的学生在学习过程中能尽快进入沉浸状态,学习专注度高,课堂活动参与度高,学习兴趣浓厚,学习更加高效。学生的学习投入不仅可以通过学生的课堂表现来衡量,还可以通过学生参加课外活动的积极性、与教师及同学间的互动等方面来衡量。基于大数据的中职英语评价方式可以随时随地跟踪学生线上的学习情况,观测学生整体的学习投入情况。教师通过网络平台提供的数据了解学生学习困难的原因并及时与他们沟通交流,减少学生因学习困难带来的挫败感等不良情绪对英语学习存在较低情感投入的现象,鼓励他们在困难面前保持积极的心态,帮助他们体验学习过程所带来的愉悦感和自豪感,提升学习的内部动机,在情感上积极地投入到学习中去。教师还可以通过线上学习数据的监测,及时发现学生在学习过程中存在的消极懈怠等问题,发挥教师对线上教学的监督和指导作用,对于学习懈怠、缺乏自我控制能力、不能及时完成任务的学生发送预警,防患于未然,帮助他们提升线上学习的积极性和主动性。单纯的线上学习容易给学生带来孤独感,需要师生和生生之间的不断互动才能改变因孤寂性而导致的学习投入减少现象,大数据可以帮助教师及时监测学生的互动情况并适时引发话题,鼓励学生参与互动,从而提高网络学习的有效性。

2. 采取定量与定性评价相结合的方法

定量评价是运用数学语言记录师生教与学的成果,它具有准确、客观、标准的特征,但由于过于标准化,忽视了课堂教学中无法量化的关键

品质和行为,学习的积极性与态度得不到认可,从而降低了整体评价的有效性,而且许多教学质量指标难以量化。定性评价是用文字语言记录教师课堂教学的整个进程,评价结果可以直观地反馈给师生,便于评价主体与客体的双向交流,体现出人本主义和持续发展性评价的理念,是定量评价的补充与完善,但是定性评价由于过于依赖评价主体的个人观点和经验,会导致评价结果欠公允。只有发挥大数据信息反馈及时、数据收集全面的优势,把定性和定量相结合,运用数据加经验全方位地去观察和考核学生,教学评价才能更准确、深入、详细,更有助于教学机制的改进及后续管理的可控性。

如何运用大数据实现定量与定性的结合?首先需要分析哪些评价指标可以量化,哪些只宜质化。例如,考试和作业可以量化。在教学中,教师可以运用数据平台的技术优势整理出学生各阶段作业和考试的量化评价结果并及时反馈给学生,帮助他们查缺补漏。学生的课堂反应、课堂表现等情况则适合进行定性评价。教师在教学中依靠专业的判断,通过对学生课堂表现的观察在课堂上及时给予口头表扬,同时通过数据平台运用较为形象的文字和富有鼓励性的语言对学生的每一次任务结果进行评价,不仅让每一个学生感受到教师对他的重视,还能帮助基础薄弱的学生提升英语学习的信心和积极性。基于大数据的定量与定性相互补充、相互完善的评价方式能更加客观地做到对学生学习行为的综合评价,产生激励作用,提升学生参与混合式英语教学的主动性和积极性。

3.多维度、多元化、多阶段的立体评价体系

教学评价不仅要能帮助学生改变学习策略,实现全面发展,还要能帮助教师改进教学,提高教学效果和质量。因此,教学评价的主体应由不同人员组成,评价的客体也不只是学生的学习投入及态度,还要有教师的教学能力和态度。中职英语教学评价体系应该是多维度、多元化、多方位的,主要体现在评价主体的多元化、评价标准的多方位、评价形式的多样化以及评价过程的多阶段。加德纳多元智能评价观认为教学评价应关注学生不同的发展过程和阶段,侧重评价学生在解决实际问题过

程中所表现出来的综合能力。多元智能理论要求教师打破单一的评价标准，尊重个体差异，采用多元发展的眼光来评价学生。中职英语混合式教学评价应将学生英语课内外学习过程中的努力、表现、进步都纳入评价内容；同时从"知识、技能、素质"三方面进行整体评价，既考查学生对语言知识的掌握情况，又考查学生在实际生活和工作中运用英语解决实际问题的能力。

在对教师的评价上，主要包括学生评教、教师自评、同行互评以及专家评价等几个方面。教学活动是教与学的双边活动，学生的评价对于教师提升教学技能有至关重要的作用。在学生评教过程中，教师不再处于支配和主导地位，学生由被动的客体变成积极主动的评价者，既可以对教师课堂的授课内容和行为进行评价，还可以评价教师课外在数据平台上与学生的互动体验以及对学生作业、任务完成的指导和监督作用。学生评教有利于增强学生的主动性和内驱力，提高评价结果的客观性与公正性。学校还可以发挥评价的导向和激励作用，把学生的评价作为教师奖励晋级或者学生选择授课教师的参考依据。同行和专家可以通过教学平台上产生的相关教学数据对教师教学准备情况、课堂驾驭能力、教学创新等方面予以评价，这一机制既能对教师产生激励作用，还有助于教师之间互相学习，共同提升。基于大数据的中职英语教学平台形成了以学生为主体、以教师为主导、以专家为辅助的多维度、多元化、多阶段各种评价有机结合的立体的教学评价体系，这个体系不仅强调评价过程中主客体间的双向沟通和协商，而且侧重发挥学生学习的主动性及教师的监督作用，促进教师和学生不断进行反思和改进，达到双向进步。

结语　中职混合式英语教学的反思和展望

混合式教学具有传统授课模式与现代信息化教学模式的优点和精华,力求将教学效果最大化,然而面对新生事物的大量涌现,教育工作者应该冷静思考、合理利用,在改革实践中不断反思和调整。

第一节　反　思

一、在线课程的适用范围

在线课程是新生事物,之所以热门,是因为它利用了信息化技术,共享网络资源,培养学生的学习自主性,让教学管理和教学评价更加系统、科学和透明。其最终目标是辅助教学,使传统课堂无法完成的教学活动可以通过网络得以延伸和拓展。因此,不是所有知识点和教学内容都适合混合式教学这种方式,不是任何教育机构都适合普及这种教育模式,教育工作者首先需要反思的是,根据学生和教学内容,是否真的需要利用在线课程,如果传统课堂可以很清晰明了地完成教学任务,则没有必要引入媒体辅助手段,否则就是哗众取宠,致使教学目的和教学手段本末倒置,偏离了教育教学的原本目的。

二、如何具体实施混合式教学

混合式教学离不开教师的主导作用,但如果在具体实施中仍然是教师主导课堂,只不过是播放了一段音频,观看了一个视频,那么混合式教学就没有得到真正的开展。信息化时代,教师可以采用"线上微课＋线下课堂"的基本模式来具体实施。首先,每次授课前,教师根据教学目标和教学内容,广泛收集教学资源,将知识点的重难点融合在一段简短的"微课"视频中;然后,上传至网络学习平台,并配套相关 PPT、讨论、习题和课后思考等,方便学生自主学习,不断完成知识的内化;最后,通过学生线上自学,在传统课堂答疑解惑,师生共同交流、反馈、总结和提高。在完成了这一系列教学安排后,以学期为单位,师生通过在线平台对教学效果进行检测和反馈。这是混合式教学模式的基本形态,教育工作者在教学实践中应该根据不同的学情和教材以及课程特点进行有特色的设计和优化。

三、如何落实线下课堂答疑与拓展

混合式教学平台虽然优势明显,但是对于在校学生而言,它们应该只是教师课堂教学的有效辅助手段。如果一味依赖网络资源和信息化技术,而完全忽视了教师的作用,是对教师职业的不尊重,也是对学生的极度不负责。因此,在混合式教学改革实践中,教师应该时刻反思如何有效地解答学生线上学习过程中理解不透彻的地方,并在线下课堂中补充和拓展线上学习所没有涉及的相关知识。具体需要做到:首先,构建学习共同体,对于个体提出的在线学习疑难知识点,共同学习的学生和教师都可以回答,在提问和解答的互动环节中,教师要充分调动学生的学习积极性。其次,形成及时反馈、有效答复的积极学习氛围。对于学生提出的任何问题都要尽可能快地回复,这不仅需要教师具备较高的专业能力素养,也需要有较强的职业奉献精神。最后,积极引导,拓展实践。对于中职院校的学生而言,教学更需要偏向职业技能的培养。线下课堂一定要利用线上学习的理论知识点设置相应的情景,引导学生运用所学知识积极实践,才能最终实现职业教育的教学目标。

四、如何在课堂外监管学生的线上学习

一直以来,慕课的高注册率和低结业率是最有争议的地方。在线课堂需要学习者有较高的学习主动性和自觉性,在中职院校开展混合式教学的实践中,课堂外学生的在线学习完成情况尤其需要教师利用适当的手段和方法督促与跟踪。在笔者前一阶段的研究中,针对混合式教学改革,开展了为期一年的分班授课实验,在采用线上线下混合式教学的实

验班级,课题团队根据学生设计了不同要求、不同时段的跟踪调查表,要求学生较为详细地记录不同阶段的学习情况和成果,学生如果没有完成在线学习,就很难填写这些表格,而这些表格所记录的分数将按比例计入年终考评成绩,这在一定程度上可以督促学生按时完成线上学习任务,教育工作者也可以根据实际情况开发更多的课堂外监督手段,以促进混合式教学改革的真正落实。

第二节　展　望

教育变革是一项系统工程,仅仅在某一局部做调整,其意义是非常有限的。在"互联网+"的大背景下,教育信息化是一个必然趋势。尤其是在职业院校,新时代对教师提出了更高的要求,高新技术也为智能化、数据化教学提供了必要的技术支撑,企业用人观念的转变,学生学习手段的更新,都逐步形成了职教新观念。

一、在线课程激发师生学习新观念

在线课程就像一把开启封闭世界的钥匙一样,让教师和学生领略到了几乎没有障碍的资源共享,对于任何书本知识逐步有了大数据的观念和思维,通过对相关数据的收集、整理、分析和管理,最终实现个性化的教与学。教师在校园中就能清楚企业的用人新观念,并按要求设置符合学生特点的个性化教学模式;学生在校园中就能了解瞬息万变的大千世界,接受并创造新职业、新岗位、新产品。对于中职英语教学而言,全新的教育观念必然激发师生英语学习新观念,不断引进全新的教材、教学、实训形态,真正促进职业教育的飞速发展。

二、在线教育 O2O 模式将成为互联网新热门

教育行业虽然比较慢热,但是"O2O(Online to Offline,线上到线下)+在线教育"这种组合却一直热度不减,来自全国各地的优质师资形成线上学习圈,同时打造线下体验店,很多传统教育机构以及 BAT(百度、阿

里巴巴、腾讯)巨头纷纷入局,对在线教育进行各种深度布局。《在线教育前景与热点分析报告》认为,O2O模式是未来最具价值、最被看好的商业模式。因为当线上线下形成完整的教学环节后,将会有越来越多的教育环节中的参与者加入其中,比如家长、教师、学生等,会有越来越多的人参与信息的交互、传递、反馈等。在如此众多的监督与竞争之下,教育企业终将承担起"以人为主体"的教育重任,实现以互联网为媒介的真正包罗万象的教育。目前市面上的英语在线课程五花八门、价格不等,但大多都在相对合理的收费基础上实现了外教一对一或者一对多的模式,不断突破传统英语学习的单一模式。在不久的未来,学生在校园外就可以轻松找到属于自己的在线教师和课堂,不断补充和完善课堂外学习。

三、在线课程将得到资格认证,专业技能类将撼动线下培训

在线课程目前处于快速发展阶段,但其短板之一就在于高注册率和低结业率。如果只是提供线上课程,没有任何约束,则其只能作为线下教育的补充,发展空间十分有限。但随着科技的快速发展,在线教育必然会逐步完善,最终给完成课程的学生提供社会承认的资格证明或者从业证书。对于专业技能类的培训课程,线上教育终将优于线下培训。因为技能培训的授课内容以实用技能为主,直接与职业挂钩,在线课程制作精良,可以反复、随时学习,更可以被企业购买,实现员工的专业培训。这对于中职学生是利好消息,对中职教师也是一种鞭策和警醒,使得政策的制定、教学的进行最终契合时代潮流。

四、在线课程的发展将培养中职院校师生的工匠精神

工匠精神是一种对职业敬畏、对工作执着、对产品和服务追求完美的价值取向,是对产品精雕细琢、追求卓越,并不断创新的精神理念。在线课程在中职院校的良性发展会调动教师精益求精的精神,为了制作更为精良的微课,为了能够在线下课堂更好地答疑解惑,投入更多的职业

热情和精力,孜孜不倦,反复修改,从而不断提升教师专业技能和职业素养。中职学生也会因为全新学习观念和模式的引领,逐步由被动到主动地形成创新进取的学习氛围,从过去的敷衍应付慢慢过渡到脚踏实地刻苦钻研,师生的这种转变也必然带来校园文化的健康发展,形成追求卓越、创新务实的教育氛围。

　　总之,混合式教学模式在中国不断发展,机遇与挑战并存,如何应对在线学习带来的挑战,解决传统教育存在的问题,改革现有的教学模式和方法,将是今后教育教学领域研究面临的重大课题。中职英语教育也应以此为契机,努力探寻现代职业教育的新思路、新方法,不断适应社会经济发展的需要,努力培养复合型职业新人才。

参考文献

［1］ 黄荣怀，周跃良，王迎.混合式学习的理论与实践［M］.北京：高等教育出版社，2006.

［2］ 教育部.中等职业教育学校英语教学大纲［M］.北京：高等教育出版社，2009.

［3］ ［美］安德森.布卢姆教育目标分类学：分类学视野下的学与教及其测评（修订版）（完整版）［M］.蒋小平，译.北京：外语教学与研究出版社，2009：96.

［4］ 祝智庭，孟琦.远程教育中的混合学习［J］.中国远程教育，2003(19)：33—34.

［5］ 何克抗.从 Blending Learning 看教育技术理论的新发展［J］.电化教育研究，2004(3)：1—6.

［6］ 李克东，赵建华.混合学习的原理与运用模式［J］.电化教育研究，2004(7)：1—6.

［7］ 郭鑫.心理学视角的情境认知理论及对职业教育的启示［J］.江苏技术师范学院学报（职教通讯），2009(05)：26—29.

［8］ 束定芳.论外语课堂教学的功能与目标［J］.外语与外语教学，2011(1)：5—8.

［9］ 张卫萍.网络环境下高职高专培养英语自主学习能力的探索与实践［J］.教育与职业，2012(18)：99—101.

［10］ 陶久胜.基于建构主义理论的网络环境下英语自主学习研究［J］.外语研究，2013(3)：54—58.

［11］ 张鹭远.慕课（MOOCS）发展对我国高等教育的影响及其对策［J］.河北师范大学学报，2014(3)：116—121.

［12］ 赵玉.基于混合式学习的"中职课程设计与开发"课程学习效果研究［J］.电化教育研究，2014(5)：91—96.

[13]　安富海.促进深度学习的课堂教学策略研究[J].课程·教材·教法,2014(11):57—62.

[14]　陈恒冰.混合式学习模式在中职教学设计中的运用:以"数字电路制作与调试"课程为例[J].江苏教育,2014(16):63—65.

[15]　吴志芳.依托慕课理念探索我国高职英语教学改革[J].中国成人教育,2015(21):170—173.

[16]　曾明星,李桂平,周清平,等.MOOC与翻转课堂融合的深度学习场域建构[J].现代远程教育研究,2016(1):41—49.

[17]　朱卫志.慕课(MOOC)时代下的高职高专英语教学模式改革探析[J].白城师范学院学报,2016(6):26—28.

[18]　翟成敏.PACE教学模式在高中英语语法教学中的应用[J].中小学外语教学,2017(1):29—33.

[19]　陈军向.闯关式职业英语技能教学研究与实践[J].中国职业技术教育,2017(9).

[20]　崔允漷.指向深度学习的学历案[J].人民教育,2017(20):43—48.

[21]　徐晓丹,刘华文,段正杰.线上线下混合式教学中学习评价机制研究[J].中国信息技术教育,2018(08):95—97.

[22]　师福荣.浅探英文歌曲对大学生英语口语的影响[J].环渤海经济瞭望,2019(6):108—109.

[23]　杨一丹.深度学习场域下的高职院校"线上线下混合式教学"常态化构建[J].江苏高教,2020(6):77—82.

[24]　彭红超,祝智庭.深度学习研究:发展脉络与瓶颈[J].现代远程教育研究,2020,32(1):41—50.

[25]　赵彤.混合式教学模式在高中生物教学中的应用研究[D].哈尔滨:哈尔滨师范大学,2019.

[26]　Duguid P. *The social life of legal information：First impressions*[M]. Boston：Harvard Business School Press,2002.

[27] Orey M & Branch RM. *Education media and technology yearbook* [M]. Libraries Unlimited Inc，2007.

[28] Marsh D. *Blended learning ：Creating learning opportunities for language learners* [M]. Cambridge：Cambridge University Press，2012.

[29] Barnum，Paarmann. *Bringing introduction to the teacher： A blended learning model* [J]. T. H. E Journal. 2002，30(2)：56—64.

[30] Singh H & Reed C & Sofware C. *A White Paper：Achieving Success with Blended Learning* [J]. Centra Sofware Retrieved，2001.

[31] Gray G. *Blended Learning：Why everything old is new again- But better* G [OL]. http://www. learningcircuits. org/2002/ aug2002/valiathan. html. 2002.

[32] Hofman J. *Blended learning case study* [OL]. http:// www. learningcircuits. org/2001/apr. 2001.